Fee Brembeck
Jetzt halt doch mal die Klappe, Mann!

FEE BREMBECK

Jetzt halt doch mal die Klappe, Mann!

Warum wir auf Mansplaining keinen Bock mehr haben

GOLDMANN

Dieses Sachbuch beruht auf Erfahrungen, Erlebnissen, umfassenden Recherchen und Aufzeichnungen. Die Autorin gibt hier ihre persönliche Sicht wieder, die keinen Anspruch auf Vollständigkeit hat. Alle Informationen und Angaben in diesem Buch wurden von der Autorin und vom Verlag sorgfältig erwogen und geprüft. Manche Personen und geschilderten Situationen wurden zum Schutz der Privatsphäre anonymisiert und verallgemeinernd dargestellt.

Sollte diese Publikation Links auf Webseiten Dritter enthalten, so übernehmen wir für deren Inhalte keine Haftung, da wir uns diese nicht zu eigen machen, sondern lediglich auf deren Stand zum Zeitpunkt der Erstveröffentlichung hinweisen.

Penguin Random House Verlagsgruppe FSC® N001967

1. Auflage
Originalausgabe Oktober 2021
Copyright © 2021 by Wilhelm Goldmann Verlag, München,
ein Unternehmen der Penguin Random House Verlagsgruppe GmbH
Neumarkter Straße 28, 81673 München
Copyright © 2021 by Felicia Brembeck
Umschlaggestaltung: UNO Werbeagentur, München,
unter Verwendung eines Fotos von © Sophie Wanninger, München
Redaktion: Dr. Marion Preuß
MP · Herstellung: CF
Satz: Uhl + Massopust, Aalen
Druck und Bindung: CPI books GmbH, Leck
Printed in the Czech Republic
978-3-442-31638-0
www.goldmann-verlag.de

Besuchen Sie den Goldmann Verlag im Netz

*Meinen Geschwistern,
die meine Welt jeden Tag besser machen
und alles in sich tragen,
um die ganze Welt zu verbessern.*

Inhalt

Vorwort 9

1. **Erklär's mir, als wär ich eine Frau!**
   Warum Männer kompetent und Frauen
   arrogant sind 19

2. **Sorry – not sorry**
   Was es in diesem Buch nicht geben wird 43

3. **What is it with the privileges?**
   Wer die alten weißen Männer sind, und warum sie
   die Klappe halten sollen 63

4. **Willi will's wissen und Can checkt's**
   Was und wer im Fernsehen läuft und warum ich nicht
   rechnen kann oder: Frag doch mal den Mann! 87

5. **Erklär mir how to care oder »Who cares!?«**
   Warum Mutti alles falsch und »das bisschen Haushalt«
   sich tatsächlich von allein macht 111

6. **Erklär mir meine Schuld!**
   Wem wir glauben, wenn Wort gegen Wort steht 141

7. **Kann mir mal jemand den Witz erklären?**
   Warum Frauen biologisch betrachtet nicht lustig
   sein können 173

8. **Du hast hier keinen Platz!**
   Warum Männern die Welt, die Happy Hour und
   dein Sitzplatz gehört 189

9. **Kleiner Mann, was nun?**
   Wie man nicht reagieren sollte und andere konstruktive
   Vorschläge, mit Mansplaining umzugehen.......... 223

Danke 239

Anmerkungen 243

Vorwort

»Gutes Thema!«, sagt er und nippt an seiner Kaffeetasse. »Sehr wichtig. Du musst auf jeden Fall aufpassen, dass du auch für Männer schreibst. Und junge Frauen müssen auch kapieren, dass nicht alles Mansplaining ist, was sie so nennen! Das musst du unbedingt klarmachen.«

Ich nicke. Er ist ein guter Freund, den ich als eine Art Mentor betrachte, oft sagt er sehr weise Dinge. Wenn ich Rat brauche, frage ich ihn manchmal. Hier habe ich ihn nicht gefragt. Ich habe nur gesagt, worüber ich schreibe. Er selbst schreibt übrigens nicht.

Zwei Monate später treffe ich einen Bekannten. Wir haben uns länger nicht gesehen, er fragt nach meinem Buch, ich erzähle ihm von meinem Thema. Daraufhin setzt er zu einem Vortrag darüber an, was das Problem an feministischen Büchern sei. Ich höre interessiert zu, schließlich will ich selbst möglichst wenig falsch machen. Irgendwann hake ich nach: »Aber in welchem Werk aktueller feministischer Literatur passiert das denn?« Er gibt zu, gar keine aktuellen Bücher gelesen zu haben, und macht dann weiter.

Während ich dieses Buch geschrieben habe, war ich logischerweise besonders sensibilisiert für Mansplaining und die jeweilig dazugehörenden Themen. Und dennoch war es erstaunlich, wie oft mir auffiel, wie herablassend man als junge, weiblich gelesene Person oftmals behandelt wird. Noch erstaunlicher ist vermutlich nur, wie oft es mir nicht aufgefallen ist – nicht direkt jedenfalls. Immer häufiger hielt ich nach einer Begegnung inne und musste überrascht lachen. Da hatte mir doch schon wieder ein Mann die Welt, den Feminismus, meinen Beruf oder gar meine Emotionen erklärt! Und ich hatte es nicht einmal gemerkt. Ich hatte genickt und zugehört und versucht, fair, sogar sanft zu bleiben, bloß keine aufdringlich militante Feministin zu sein, die ihr Gegenüber verurteilt, ohne zuzuhören. Irgendetwas an der Gesprächssituation, in der ich mich häufig wiederfand, erschien mir ganz natürlich. So als müsste es so sein, als hätte es schon seine Richtigkeit: Der Professor, der plötzlich ausholte, über die Liebe und das Leben zu sprechen, und mir dabei ganz nonchalant einen Beziehungsratschlag gab, der Techniker, der mir vor der Vorstellung erst nahelegte, dass ich bitte *in* das Mikrofon sprechen und dass ich das Publikum am besten zuerst mal begrüßen solle, der Kumpel einer studierten Politikwissenschaftlerin, der ihr in einer Diskussion erklärte, sie sei einfach nicht informiert genug, ihre Wahlentscheidung zu treffen, der kinderlose Verwandte, der meiner Mutter im Kreise ihrer vier Kinder erklärte, worauf es in der Kindererziehung ankäme: All diese Männer hatten doch zuvor sehr kompetente Sachen gesagt, sie saßen mit Bequemlichkeit und ohne jeden Selbstzweifel breitbeinig im Zentrum des Geschehens; sie konnten sich ausdrücken und ließen keine Rückfragen oder Gegenargumente zu, der Raum gehörte ihnen. Jede dieser Situationen wirkte so natürlich, so selbstverständlich, dass es nicht ganz leicht war zu erkennen, wie falsch und anmaßend das war, was da ganz nebenbei passierte. Die Notizen mit passenden Anekdoten in meinem Handy häuften sich, ich tauschte wütende, resignierte, amüsierte Sprachnachrichten mit Freund*innen aus, stapelte Buch auf Buch, Artikel auf Artikel – und zweifelte doch immer wieder, ob nicht doch ich diejenige war, die mit der Zusammenfassung der Tatsachen einen unverschämten Angriff auf unschuldige Männer, die verdientermaßen in hohen Positionen saßen und sich den Respekt ihres Umfelds hart erarbeitet hatten, startete.

»Wie willst du denn ein ganzes Buch über Mansplaining füllen?«, wurde ich im Schreibprozess ab und an gefragt. Die Wahrheit ist aber, dass ich wohl mehr als nur dieses damit füllen könnte. Weil es um deutlich mehr geht als ein nerviges Alltagsphänomen.

Es geht – das wurde mir in meiner Recherche mehr und mehr bewusst – um den Grund, aus dem selbst ich daran zweifle, ob ich meine Wahrheit äußern und aufschreiben darf. Es geht um den Grund, aus dem ich immer wieder glaube, all diese hochangesehenen Männer hätten vielleicht doch das Recht, mich kleiner zu machen und mir die Welt zu erklären. Es geht um eine Kultur, in der Männer (genauer und vor allem: reiche, weiße, cis, hetero Männer) die Macht und damit das Sagen haben. Es geht um den Grund oder doch mindestens um einen der Gründe, warum Gewalttaten heruntergespielt und nicht zur Sprache gebracht werden, warum Weltpolitik auch heute noch zum überwiegenden Großteil von weißen Männern gemacht wird, warum übergriffige Situationen kreiert und ausgehalten werden und ein bisschen sogar um den Grund für ungleiche Löhne, fiese YouTube-Kommentare und schlechte oder unausgewogene Talkshows.

Es würde zu weit gehen zu behaupten, Mansplaining sei die Wurzel all dieser Übel, aber es ist in meinen Augen mindestens ein Symptom für das nach wie vor bestehende Ungleichgewicht zwischen Geschlechtern; daher ist es völlig gerecht, diese Praxis zumindest auch mit all jenen

Strukturen in Verbindung zu bringen und nachzufragen, ob die Lösung nicht auch darin liegt, neu, anders und mit anderen Beteiligten das Gespräch zu suchen. Mareice Kaiser schreibt in einem anderen Kontext über das System, das so viele Ungerechtigkeiten hervorruft:

> »Solange Männer immer wieder Männer fragen, wird sich daran auch nichts ändern. Solange vor allem Männer Medien führen, Männer Politik machen, Männer als Experten in den Medien auftreten, wird sich daran nichts ändern.«[1]

Damit fasst sie unbeabsichtigt auch zusammen, was das Problem von – auf den ersten Blick – kleineren alltagssexistischen Phänomenen wie Mansplaining ist.

Ich schreibe dieses Buch als jemand, die von Alltagssexismus und von den größeren, oftmals gewaltsamen sexistischen Strukturen betroffen ist. Ich schreibe dieses Buch auch im Bewusstsein meiner eigenen Privilegien, als weiße, able-bodied, cis Frau ohne Kinder, die in Wohlstand hineingeboren wurde und stets umfassende Bildungsmöglichkeiten hatte. Und ich möchte es mir zum Ziel machen, auch all meinen Lesenden jeden Geschlechts die Möglichkeit zu geben, die eigenen Betroffenheiten und Privilegien zu reflektieren.

Um das möglichst differenziert zu tun, verwende ich geschlechtersensible Sprache. Ich gendere mit dem Asterisk, dem Gendersternchen, um deutlich zu machen, dass es mehr als zwei Geschlechter gibt, und um eine Lesart, die zunächst nur cis Männer mitdenkt, zu stören. Dass ein binäres Geschlechtersystem nicht aufrechterhalten werden kann, ist heute sowohl in der Medizin als auch in der Biologie und den Sozialwissenschaften bekannt und erwiesen. Diese Fakten zu ignorieren fände ich nicht sonderlich feministisch und ganz generell auch weder wissenschaftlich korrekt noch moralisch vertretbar. Ich spreche in diesem Buch auch selten von Frauen, weil es nicht konkret genug wäre. Wo es möglich ist, differenziere ich zwischen weiblich gelesenen Personen, also allen Menschen, die unabhängig von ihrem Geschlecht häufig, punktuell oder immer als Frauen gelesen werden, und FINTA Personen. FINTA steht hierbei für Frauen (in der Abgrenzung zum T oft für cis Frauen, also Menschen, die bei der Geburt das weibliche Geschlecht zugewiesen bekommen haben und sich damit auch weiterhin identifizieren), Intersexuelle Personen, Nicht binäre Personen, Trans Personen und Agender, also Personen, die sich keinem Geschlecht zuordnen. Das T ist in dieser Abkürzung zumindest bezogen auf den Sachverhalt, den ich schildere, mindestens schillernd zu betrachten. Unter Frauen fasse ich selbstverständlich auch trans Frauen, allerdings werden auch trans Männer oft noch weiblich gelesen oder einfach aufgrund ihrer Transgeschlechtlichkeit bevormundend und herablassend behandelt. Nicht selten mischt sich in das Mansplaining trans Frauen gegenüber dann zusätzlich das sogenannte *Cisplaining*, weil ihnen beispielsweise ihr Gender abgesprochen oder Dinge erklärt werden, mit denen sie sich in ihrer Transition vermutlich länger und intensiver auseinandergesetzt haben als cis Personen. FINTA denkt also eine Mehrfachdiskriminierung mit und ist oft der Begriff, der am ehesten die marginalisierte Gruppe beschreibt, der gegenüber sich viele cis Männer in einer Weise verhalten, wie ich es hier beschreiben werde.

Die Studien und Untersuchungen, die ich für dieses Buch recherchiert habe, sind leider sehr oft nur binär durchgeführt oder zumindest aufgeschrieben worden. Wenn ich also im Kontext einer Studie oder Statistik von Frauen und Männern spreche, lässt sich nicht mit Sicherheit sagen, ob tatsächlich nur Frauen und Männer untersucht wurden. Es ist sowohl möglich, dass es nur die beiden Möglichkeiten der Angabe gab, als auch, dass nur cis Frauen und cis Männer befragt oder untersucht wurden. Es ist aber genauso möglich, dass cis und trans Männer und Frauen gemeint sind, aber keine nicht binären oder intergeschlechtlichen Menschen an der Studie teilgenommen haben. Natürlich könnte es auch sein, dass eigentlich weiblich gelesene und männlich gelesene Teilnehmende gemeint sind, die jeweils ihr eigenes Geschlecht nicht angeben konnten. Man sieht: In solchen Fällen bleibt viel Raum für Spekulation, und ganz korrekt ist eine solche Aussage vermutlich erst, wenn sie das ganze existente Spektrum von Geschlecht mitdenkt. Um aber auch mit älteren Quellen arbeiten zu können, beschränke ich mich in den entsprechenden Kapiteln darauf, die Wortwahl der Untersuchungen und Statistiken zu übernehmen.

Ich möchte außerdem eine Triggerwarnung aussprechen. Speziell im sechsten Kapitel »Erklär mir meine Schuld!«, aber auch an anderen Stellen des Buchs spreche ich explizit über physische und sexualisierte Gewalt. Es ist meiner Meinung nach wichtig, dass wir diese Extreme, die leider auch unsere Gesellschaft und unseren Umgang mit FINTA prägen, in den Blick nehmen. Trotzdem möchte ich allen, die von Beschreibungen dieser Art sehr mitgenommen werden, vor allem Betroffenen, schon jetzt die Möglichkeit geben, sich zu wappnen und eventuell auch einer Retraumatisierung vorzubeugen.

Ach ja, und neben all diesen Begriffen, Vorsichtsmaßnahmen und Genderschreibweisen, die vielleicht für manche meiner Leser*innen noch neu sind, mag es dann auch noch so scheinen, als würde ich an der ein oder anderen Stelle scherzen. Wenn man außer Acht lässt, dass Frauen per se nicht lustig sein können,* könnte man das durchaus annehmen. Über den Gegenstand dieses Buchs mache ich mich damit aber keineswegs lustig: Ich glaube, dass Mansplaining weitreichender ist als bloßer Alltagssexismus und alles andere als ein Witz. Ich glaube, dass diese Haltung Auswirkungen auf die Politik und unser gesellschaftliches Zusammenleben hat, darauf, wie gefährdet FINTA Personen sind und wie die Zukunft aussehen wird. Weil Mansplaining dafür sorgt, dass die Aussagen von FINTA Personen nicht ernst genommen werden und dass das Wort einer FINTA immer weniger gilt als das eines cis Mannes. Genau diese Wertung setzt in einer Gesellschaft, in der wir uns auf Kommunikation geeinigt haben, auch ihren Wert als Mensch herab. Rebecca Solnit, auf die die Beschreibung der Praxis Mansplaining zurückgeht, sagt dazu: »Es geht [...] also um die Frage, wessen Rechte

---

* Achtung: Ironie. Hier fängt es also schon an.

wichtig sind, wessen Stimme gehört wird und wer darüber entscheidet.«²

Ich glaube, dass es sich lohnt, diese Parameter einmal zu analysieren und dann bestenfalls neu zu verhandeln. Ich glaube, es lohnt sich für uns alle. Dieses Buch will einen Beitrag dazu leisten und führt damit hoffentlich auch zu einer neuen Gesprächskultur. Inwiefern der eher gesprächskulturlose Titel dazu in Opposition steht oder vielleicht doch Teil einer solchen Kultur werden kann, klärt sich hoffentlich im Verlauf des Lesens. Falls nicht, findet sich bestimmt irgendein cis Mann, der das Buch nicht gelesen haben wird, aber sicherlich bereit ist, uns genau das zu erklären.

1. Erklär's mir, als wär ich eine Frau!

Warum Männer kompetent und Frauen arrogant sind

Es gibt einen Blick dafür. Einen Blick, den sich vor allem FINTA zuwerfen. Ich kenne ihn gut, habe ihn selbst schon oft geworfen, genauso oft aufgefangen. In ihm liegt ein Beweis von Verbundenheit, Schwesternschaft fast. Er signalisiert stilles, geduldiges Ertragen bei gleichzeitiger intellektueller und emotionaler Überlegenheit. Es ist der Blick, den sich Menschen zuwerfen, die gerade unterschätzt werden. Er sieht ganz ähnlich aus wie der, den sich Elternteile untereinander schenken, wenn ihnen ihr fünfjähriges Kind staatstragend wichtige Dinge erzählt, die für das Kind gerade eine bahnbrechende Entdeckung und darum aus seiner Wahrnehmung heraus auch für alle anderen neu sind. Dieser Blick sagt: »Ich weiß es, und du weißt es auch, diese Situation ist lächerlich, aber ich werde jetzt so tun, als sei ich interessiert.« Bei Kindern macht man das aus pädagogischem Bemühen heraus, vielleicht sogar aus ehrlichem Interesse für die Begeisterung des Kindes, wenn auch weniger für das Objekt der Begeisterung. »Nein, wirklich?«, fragt man gespielt naiv. »Wow, das ist ja toll!«

Der Blick aber, von dem ich spreche, kommt in einer anderen Situation vor.

Ich habe diesen Blick gesehen, als eine Freundin, eine promovierte Toxikologin, in ihrer Ausführung darüber, dass eine bestimmte Zutat giftig sei (wir sprechen literally von Toxikologie, also: der Lehre der Gifte), von einem gemeinsamen älteren Freund unterbrochen wurde, um ihr im Brustton der Überzeugung zu widersprechen.

»Ich habe einen Doktortitel«, sagte ihr Blick. »Ich hab das wirklich studiert, ich weiß, wovon ich spreche!«, sagte der Blick, aber eben auch: »Er ist ja eigentlich sehr nett, und es würde ziemlich viel Kraft kosten, ihn jetzt zu überzeugen, außerdem heißt es hinterher wieder, ich sei streitsüchtig und besserwisserisch, ich lächle jetzt nur.«

Sie hat nichts gesagt, sondern das Thema gewechselt, wir hatten noch ein nettes gemeinsames Essen, hinterher haben wir gelacht.

Ich selbst habe diesen Blick geworfen, als ich auf einer Bühne stand, um einen Preis entgegenzunehmen. Ich sollte diesen Preis für meine Dichtkunst – vorrangig auf Poetry Slams – erhalten, und der Moderator hatte die gesamte Kunstform des Poetry Slams gerade falsch definiert. Ich lächelte also und versuchte, ihn in meiner Danksagung charmant zu korrigieren, ohne ihn bloßzustellen, wurde aber (und hier zeigt sich langsam ein Muster) unterbrochen mit den Worten: »Nein, das stimmt aber nicht!« Es folgten weitere Worte, die mir den Gegenstand dessen, wofür ich ausgezeichnet werden sollte, erklärten, und ich warf brav lächelnd den Blick ins Publikum, wo ein befreundeter Kollege saß, und sagte nichts – als hätte ich soeben einen peinlichen Fehler begangen. »Ich mache das seit Jahren, ich bin deutschsprachige Meisterin im Poetry Slam«, sagte dafür mein Blick und entschuldigend eben auch: »Aber ich kann ja nun keinen Streit auf der Bühne anfangen, und so wichtig ist es auch wieder nicht.«

Ich nahm meinen Preis, der mir wohl doch für etwas anderes verliehen worden war als das, was ich machte, und setzte mich brav ins Publikum. Später lachten wir.

Ich habe diesen Blick bei Mediziner*innen, die sich auf Partys die Wirkung eines Medikaments erklären lassen mussten, und bei Musiker*innen, denen ältere Herren ohne musikalische Ausbildung ungefragten Technikunterricht am Instrument erteilten, gesehen. Bei Politiker*innen, denen ihr eigenes Spezialgebiet erklärt wurde, und bei zahlreichen erwachsenen weiblich gelesenen Menschen, die sich dennoch anhören mussten, wie vollkommen alltägliche Dinge funktionieren. »Nein, wirklich?«, fragten sie gespielt naiv. »Wow, ist ja toll!«, sagten sie und konnten die Ironie darin kaum unterdrücken. Als sprächen sie mit fünfjährigen Kindern, dabei wurde im Gegenteil mit ihnen gesprochen wie mit einem Kind.

Dieses Phänomen des ungefragten Erklärens nennt sich *Mansplaining*, ein Neologismus, der sich aus »Man«, also Mann, und »explain«, erklären, zusammensetzt. Deutsche Äquivalente gibt es kaum, das von der Presse ab und an verwendete »Herrklären« hat sich nicht wirklich durchgesetzt. Geprägt wurde dieser Begriff vor allem im Netz, nachdem die amerikanische Autorin und Feministin Rebecca Solnit, der die Wortschöpfung lange zugeschrieben wurde – die sich mittlerweile aber sogar von der Bezeichnung distanziert hat –, 2008 ein Essay mit dem Titel *Men Explain Things to Me* (zu Deutsch: *Wenn Männer mir die Welt erklären*) veröffentlicht hatte. Auch in diesem Essay beschreibt sie eine Situation, in der sie ein männlicher Besserwisser unterbricht, um ihr mit einfachen Worten ihr eigenes Buch zu erklären – davon ausgehend, dass sie unmöglich die Autorin dieses wichtigen Werks sein könne. Den Einwurf ihrer Freundin, er spräche gerade wirklich über ihr Buch, ignorierte er dabei mehrfach. Solnit und ihre Freundin werfen sich also vermutlich den Blick zu, den man in solchen Situationen beobachten kann, und lachen später darüber.[3]

Mansplaining ist genau das, was in diesen Beispielen zum Tragen kommt: Eine männlich sozialisierte Person (nicht selten ein weißer, cisgender, heterosexueller und gut situierter Mann) erklärt einer weiblich gelesenen Person mit reichlich Selbstüberschätzung und auf herablassende Art etwas, das sie aufgrund ihrer Expertise oder Lebenserfahrung mindestens genauso gut oder gar besser als er weiß.

Die erklärende Person tut es aus dem Selbstverständnis heraus, Dinge zu wissen, zu können und generell ein spannender und hilfreicher Gesprächspartner zu sein. Das genannte Essay trat damals eine Welle los, es traf einen Nerv.

Offenbar fühlten sich viele FINTA Personen an Situationen aus ihrem eigenen Leben erinnert und waren froh, endlich einen Namen für das zu haben, was sie sonst nur in einen Blick legen konnten – in der Hoffnung, später wenigstens darüber lachen zu können. Es wurden Websites und *Buzzfeed*-Artikel ins Leben gerufen, die *New York Times* ernannte den Begriff sogar zum Wort des Jahres 2010, und bis heute sammeln sich unter dem #mansplaining auf Twitter, Instagram, TikTok und Co. die absurdesten und ehrlich gesagt geradezu komischsten Geschichten über Typen, die ihren Freundinnen die richtige (aber natürlich eigentlich falsche) Verwendung eines Tampons erklären, ausgewiesenen Expertinnen nicht mal ihren Studienabschluss glauben oder sich so wahnwitzig spektakuläre Real-life-Sketche überlegen; wie der Dude, der Margaret Atwood auf Twitter ihr eigenes Buch *The Handmaid's Tale* erklären wollte, weil er fand, sie hätte die Netflixshow nicht verstanden, Mr Superklug, der einer NASA-Astronautin im Retweet noch mal ganz genau die Regeln der Thermodynamik erklärte, oder – gleicher Tatort – der urkomische User, der das Bedürfnis verspürte, der Olympia-Radprofi Annemiek van Vleuten öffentlich einen Tipp geben zu müssen: »Egal, wie schnell du fährst, versuche, dein Rad stabil zu halten!« Ich bin sicher, sie war sehr dankbar für diesen Gamechanger nach all den Jahren ihrer erfolgreichen Karriere.

Das englische Sprichwort »Gib einem Mann einen Fisch, und er ist satt für einen Tag, lehre ihn fischen, und er wird sein Leben lang satt sein« wurde im Internet aufgrund dieser kollektiven Erfahrungen etwas umgewandelt und geistert noch heute durch diverse Sprüche- und Zitateforen: »Lehre einen Mann fischen, und er wird sich umdrehen und es dir beibringen, als ob du überhaupt keine Ahnung hättest.«

Dieser Spruch bringt auf den Punkt, als wie große Zumutung die Praxis Mansplaining empfunden wird und werden muss. Offenbar traut uns weiblich gelesenen Personen die Welt (denn die Welt, das sind die Männer) so wenig Intellekt, so wenig Geist und eigenständiges Denken zu, dass wir uns ständig die einfachsten Handgriffe erklären lassen müssen, als wären wir... na ja, Frauen. Frei nach dem Motto: Erklär's mir, als wär ich eine Frau!

Es gibt sehr verschiedene Unterformen und Anwendungen dieser Zumutung, auf die ich noch eingehen werde. Das Unterbrechen, das zufällig in all den oben geschilderten Situationen aus meiner Lebensrealität Startpunkt des Mansplainings war, ist eine davon. FINTA Personen nicht ausreden zu lassen, für sie zu sprechen und ihnen grundsätzlich weniger Wissen zuzugestehen ist eine der vielen – meist unbewusst angewandten – Möglichkeiten,

Frauen und nicht binäre Personen zum Schweigen zu bringen, ihnen ihren Platz in der Konversation zu nehmen, sie klein zu halten. Wie schon gesagt: In den seltensten Fällen dürfte es böse gemeint sein oder wirklich als Methode genutzt werden, um uns unserer Stimme zu berauben, de facto ist es aber das, was passiert. Und da es täglich und systematisch passiert, wird es Zeit, diese Methode, ihre Hintergründe und Ausprägungen genauer zu beleuchten.

Mir wurde in den 27 Jahren, die ich auf dieser Erde bin, schon so ziemlich alles von Männern erklärt. Manches sinnvollerweise, weil ich zum Beispiel zehn Jahre alt und der Mann, der mir die binomischen Formeln erklärte, mein Mathelehrer war (ob er dabei einen besonders guten Job gemacht hat, ist wieder eine andere Geschichte und soll ihn nicht generell diskreditieren), oder weil es um Schach oder Mühle ging und mein Opa das tatsächlich deutlich besser kann als ich.

Vieles aber auch komplett unsinnigerweise. Denn es stimmt, wenn ich sage: Mir wurde schon so ziemlich a l l e s erklärt: mein Beruf, meine Religion, meine Emotionen, meine sexuelle Präferenz, mein Studium, mein Geschlechtsorgan (und nein, nicht von einem Gynäkologen), meine Periode, mein Schmerzempfinden, mein Feminismus und sogar, wie man Pfannkuchen belegt. (Und zu diesem Zeitpunkt war ich bereits 26 Jahre lang auf der Welt und hatte auch nicht gerade Fischstäbchen mit Nutella kombiniert oder sonst etwas getan, das die Annahme gerechtfertigt hätte, ich wüsste nicht, dass Schokolade und Bananen eine annehmbare Pfannkuchenkombination darstellen.)

Nun könnte man anführen, dass mir sicher auch schon Frauen und vielleicht sogar nicht binäre Personen begegnet sein könnten, die mir ungefragt und unsinnigerweise Dinge erklärt hätten. Vielleicht sogar auf eine so herablassende Art, als hätte ich bis gestern noch auf dem Mond gelebt. Man könnte sagen, dass es sicher in allen Geschlechtern unsympathische, rechthaberische Zeitgenossen gibt. Das alles wäre bestimmt richtig. Und wer mich kennt, könnte auch durchaus nicht ganz zu Unrecht die ein oder andere Anekdote anbringen, die auch mich einer gewissen Rechthaberei überführte.

Das nämlich träfe mich verdient: Ich liebe es, Recht zu haben. Ich kann eine hartnäckige, unnachgiebige und nervenaufreibende Gesprächspartnerin sein, ich beharre oft lächerlich lang auf Kleinigkeiten, von denen ich annehme, sie besser zu wissen, korrigiere zuweilen altklug und mit Freude meine Umwelt, gestehe ungern und manchmal aus Trotz auch einfach gar nicht ein, mich getäuscht zu haben, reagiere auf mir anvertraute Probleme mit fast übergriffigen Persönlichkeits- und Problemanalysen und rege mich furchtbar auf, wenn ich nicht zu Wort komme. In meinen unsympathischsten Zügen bin ich arrogant, bildungssnobistisch, rechthaberisch und altklug. Nicht umsonst habe ich Lehramt studiert, ich liebe es, Menschen Dinge zu erklären. Gerne auch mal von oben herab.

Zwei entscheidende Fakten jedoch machen den Unterschied zwischen mir und einem der Männer aus, die mir leidenschaftlich Pfannkuchen, Gott und die Welt erklären. Zum einen ist meine Charakterschwäche in der Tat genau das: eine individuelle Charakterschwäche, während sie bei Männern System hat. Auf das genaue System dahinter komme ich in diesem Buch noch ausführlich zu sprechen – versprochen!

Auf ein generelles System aber müssen wir uns schon jetzt einigen: Männer und männlich gelesene Personen werden im Patriarchat, in dem wir leben, grundsätzlich dazu ermutigt, Platz einzunehmen, auf ihr Recht zu beharren und (überzogen) selbstbewusst aufzutreten, während weiblich gelesenen Menschen dieselben Verhaltensweisen oft deutlich harscher ausgelegt oder gar nicht erst zugestanden werden.

Zum anderen nämlich wird das Verhalten, dessen ich mich in der Vergangenheit gar nicht so selten schuldig gemacht habe, bei Männern auch nicht oder nur selten als Charakterschwäche und zum Teil nicht mal generell wahrgenommen. Mir hingegen ist mehr als schmerzlich bewusst, wann ich mich für mein mir zugeschriebenes Geschlecht untypisch und unerwünscht verhalte. Ich weiß das nicht nur deshalb so gut, weil ich in meinen sympathischsten Zügen darum bemüht bin, emphatisch, reflektiert und nicht unangenehmer als für meine Integrität zwingend notwendig zu sein,* sondern auch, weil es mir gesagt wurde. Immer und immer wieder. Auch dann, wenn ich wirklich Recht hatte. Auch dann, wenn meine Rechthaberei weder arrogant noch besserwisserisch motiviert, sondern sowohl sachlich als auch dem Kontext angemessen war.

---

* Auch wenn mein Bewusstsein nicht auf diese Eigenschaften allein zurückzuführen ist, treffen sie natürlich trotzdem alle zu. Bescheiden bin ich also auch noch.

Selbst dann, wenn ich mich als hilfreich erwiesen hatte. Und manchmal sogar, wenn ich danach gefragt wurde. Jede Situation, in der ich aufkeimende Tendenzen zeigte, mehr zu wissen als ein Mann, und das auch noch verlauten ließ, wurde zu einer Lehrstunde für mich: Ich lernte früh, dass ich nicht klug, sondern arrogant, nicht selbstbewusst, sondern eingebildet, nicht durchsetzungsfähig, sondern zickig und bossy war und nicht kompetent, sondern eben naseweis und besserwisserisch. Diese Lehren haben mich trotz meines Selbstbewusstseins und meiner Erfolge bis heute sehr sensibel für all meine Fehler gemacht. Es ist nicht selten, dass ich noch tage- und vor allem nächtelang über eine Diskussion nachdenke, in der ich meine Meinung vielleicht ein bisschen zu überzeugt vertreten haben könnte.* Wenn ich öffentlich für meine Leistungen gelobt werde, zweifle ich innerlich grundsätzlich an, ob ich dieses Lob verdient habe, und mache es noch in derselben Sekunde lächerlich, um nur ja nicht abgehoben zu wirken. Denn auch das habe ich in einer meiner zahlreichen Unterrichtsstunden des Patriarchats gelernt: Sich als weiblich gelesene Person für ein

---

* Um eines der unsympathischsten Beispiele zu nennen, das umgekehrt eine hervorragende Anekdote für Mansplaining wäre: Ich erinnere mich an einen angetrunkenen Abend vor gut acht Jahren, an dem ich einer Marmeladenverkäuferin gegenüber vehement bestritten hatte, Marillen und Aprikosen seien dasselbe Obst. Mir kommt diese Unzulänglichkeit auch jetzt noch ab und zu in den Sinn, und ich vergehe dann regelmäßig vor Scham. Ich frage mich, ob auch nur einer der Männer, der beispielsweise die Existenz eines der Fächer, das ich studierte, bestritten hatte, oder mir eine Busverbindung, die ich täglich nehmen musste, nicht glauben wollte, nur eine Woche später noch daran zurückgedacht und ähnlich viel Scham gefühlt hat. Irgendetwas in mir lässt mich daran zweifeln.

Kompliment schlichtweg zu bedanken, es gar anzunehmen, gilt bereits als überheblich.

Seit nunmehr acht Jahren stehe ich auch auf Kleinkunstbühnen, und obwohl ich mir auf der Poetry-Slam-Bühne und später im Humorbereich Stück für Stück mein Selbstbewusstsein, meinen Witz und meine Souveränität zurückerobert habe, kann ich nicht mitzählen, wie oft männliche Kollegen für ihre unsympathisch arroganten Bühnenfiguren gefeiert wurden, während Poet*innen und Kabarettist*innen bereits für den Schritt, laut vor Publikum die eigenen Gedanken vorzutragen, ein überzogenes Selbstbewusstsein nachgesagt wurde.

Schon Friedrich Rückert wusste eben: »Am Weibe wird geschmäht, was an dem Mann geachtet; Die gleich dem Hahne kräht, die Henne wird geschlachtet.« Mit reichlich zeitlicher Verzögerung geben ihm mittlerweile auch zahlreiche Studien recht. Man unterscheidet dabei in der Forschung zwischen deskriptiven und präskriptiven Geschlechterrollen. Unsere Gesellschaft ist damit so tiefgehend durchtränkt wie Claudia Oberts Leber mit Champagner, deshalb sind wir alle nicht frei davon, diese Stereotype auch anzunehmen. Das Problem an präskriptiven Vorstellungen, also der Idee davon, wie eine Person, die einem bestimmten Geschlecht zugeordnet wird, zu sein hat, ist, wie wir reagieren, wenn unsere Vorstellung und die Realität nicht zusammenpassen. Die unterschiedliche Bewertung von Eigenschaften und Verhaltensweisen wurde vor allem in Führungspositionen erforscht, und in diesen Studien stößt man immer wieder auf den sogenannten *Backlash-Effekt*. Das ist die Abstrafung, die weiblich gelesene Personen in Führungspositionen erfahren, wenn sie männlich konnotierte Verhaltensweisen zeigen. Der humorlose Witz daran ist, dass sich gleichzeitig die Eigenschaften, die als Führungskompetenzen eingeordnet werden, mit denen decken, die als typisch männlich wahrgenommen werden. Das bedeutet zusammengefasst:

Weiblich gelesene Menschen können es nicht richtig machen!

Sind sie so, wie wir uns Frauen vorstellen, haben sie keine Chance auf Führungspositionen, nehmen sie männliche Verhaltensweisen an, halten wir sie für emotionslos, herrisch, unsexy und auch ganz generell für Angela Merkel.[4]

Wir erwarten also von Menschen in Führungspositionen, dass sie durchsetzungsfähig, dominant und selbstbewusst sind, was zufällig genau das ist, was wir Männern zuschreiben. Wenn sich Frauen und weiblich gelesene Personen dieser Eigenschaften bedienen, bestrafen wir sie dafür, nicht zurückhaltend, kommunikativ und sanft zu sein, indem wir ihnen dieselben Verhaltensweisen anders auslegen, nämlich als penetrant, unsympathisch und aggressiv.[5]

Frauen, die in traditionell von Männern dominierten Berufen Erfolg haben, nehmen wir gesellschaftlich eher als bedrohliche und sogar unfaire Konkurrentinnen wahr und reagieren (Backlash!) mit dem Bedürfnis, sie »in ihre Schranken zu verweisen«.[6]

Dass wir Eigenschaften und Verhalten je nach zugeordnetem Geschlecht verschieden bewerten, beginnt bereits im embryonalen Status, da werdende Eltern allein schon die Tritte ihres Kindes im Bauch unterschiedlich interpretieren. Ein Embryo mit Penis tritt nicht aus Vergnügen oder Aktivität, sondern ganz in männlicher Manier energisch und kräftig. In Studien ging es nach der Geburt nahtlos weiter: Das Weinen ein und desselben Babys wurde mit männlichem Vornamen als Ärger interpretiert, mit einem weiblichen Vornamen sahen die Betrachter*innen Angst als Ursache.

Die Zuschreibungen, die wir an Mädchen und Jungen (davon abgesehen, dass es gesellschaftlich auch relativ wenig Akzeptanz oder auch nur Vorstellungsmodelle für Kinder gibt, die sich nicht auf dem sehr kurzen und engen zweigeschlechtlichen Spektrum befinden) im Aufwachsen herantragen, sind sehr festgefahren und äußern sich zuweilen für alle Geschlechter nachteilig (wieder mal ein Grund, warum der Feminismus für alle ist).

So wusste ich zum Beispiel sehr früh und gänzlich, ohne dass ich familiär in diese Richtung geprägt worden wäre, dass Mädchen in der Schule zwar gut zu sein hatten, aber auch still und nicht zu bemüht. In meiner durchaus von Erfolg geprägten Schulkarriere fand ich mich wiederkehrend in Situationen, in denen ich mit einem Jungen um den Platz als Klassenstreber*in konkurrierte. Nur dass die Jungs in dieser Kombination meist die beliebten, coolen, lässigen und eben intelligenten Klassenbesten waren, ich aber die Streberin, bei der es ganz offensichtlich nur überzogener Fleiß sein konnte, der mir gute Noten verschaffte. Später avancierten meine Noten in den Augen einiger Mitschüler*innen zu den Ergebnissen verschiedenster angedichteter Affären mit Lehrkräften. Das aber ist wieder ein anderes Problem des Patriarchats, von dem mir sicher irgendein liebenswerter Mittvierziger erklären wird, dass es sich dabei eigentlich um kein Problem, sondern im Gegenteil sogar meinen Vorteil handelt, wobei ich es fürs Erste belassen möchte. Man muss ja auch wissen, welche Kämpfe und wie viele gleichzeitig man kämpft.

Mit diesen Ausführungen dürfte dann auch geklärt sein, warum es in der Wahrnehmung und Wirkung deutliche Unterschiede darin gibt, wer wem etwas erklärt. Und auch dass es wahrscheinlicher, weil erwünschter, ist, dass diese Erklärungen von einem Mann vorgenommen werden. Mansplaining denkt das Machtgefälle zwischen den Geschlechtern mit.

Dabei kommen mannigfaltige (höhö, mannig-faltig) Methoden des Mansplainings zum Einsatz. Falls sich jemand mal bewusst dieser Technik bedienen möchte, gebe ich gerne eine kurze Übersicht:

1. Wie meine eingangs verwendeten Beispiele deutlich machen, ist es eine beliebte Methode, FINTA Personen schlichtweg zu unterbrechen und sie danach möglichst wenig zu Wort kommen zu lassen. Ein gutes Gespräch ähnelt für den erfolgreichen Mansplainer einem Shakespeare-Theaterstück: Im besten Fall hat er am Schluss minutenlang monologisiert und mindestens eine Frau in den Wahnsinn getrieben.
2. Eine andere Möglichkeit, die vielen weiblich gelesenen Personen in Bürojobs bekannt vorkommen wird, ist das Wiederholen oder Zusammenfassen dessen, was eine FINTA gerade erst gesagt hat. Das sogenannte *Hepeating*.[7] Gerne sogar in ähnlichen Worten. Ich war nach meiner

Schulzeit (da aber oft genug) nur sehr selten Zeugin dieser speziellen Technik, und während ich sehr stark an die generelle Unschuld, oder besser: den guten Willen, der Männer glaube, die mansplainen, war ich jedes einzelne Mal geflasht, wie es möglich sein soll, dass jemand tatsächlich nicht merkt, was er da tut. Ich kann bis heute nicht wirklich glauben, dass das unbeabsichtigt passiert – noch weniger, dass es so selten bemerkt wird. In den seltenen Zwischenfällen (im Übrigen allesamt und ohne weibliche Besserwisserinnenausnahme von Männern im beruflichen Kontext), die ich mitansehen musste, ging diese Technik nämlich auch noch auf. Der Mann wurde für seinen Vorschlag gelobt, oder es wurde auf seine Idee eingegangen, einmal sogar über »seinen« Witz gelacht, obwohl für alle hörbar Minuten zuvor eine Frau inhaltlich (beim Witz eher wörtlich) original dasselbe gesagt hatte. Riana Duncan hat diese Methode in eine Karikatur gefasst: In einer klassisch männlich besetzten Vorstandsrunde sagt der Chef zur einzigen Frau: »Das ist ein hervorragender Vorschlag, Miss Triggs. Vielleicht möchte einer der Herren hier ihn vorbringen.«[8] Man merkt mir meine Fassungslosigkeit vielleicht noch immer an.

3. Ein Favorit bleibt auch die unfreiwillige Quizshow. Wenn FINTA Menschen sich wieder mal aus den Grenzen ihrer Stereotype hinaus und hinein in ein männlich dominiertes Themenfeld gewagt haben, ist es nicht unüblich, dass sie im Gespräch zunächst beweisen müssen, wirklich ein würdiger Gegenpart zu sein, bevor (wenn überhaupt) man sie ernst nehmen kann. Wie oft müssen weiblich

gelesene Personen, die sich für Fußball interessieren, die Abseitsregel erklären, bevor sie ihre Meinung zu einer bestimmten Spielweise oder Aufstellung sagen dürfen?[9] Ähnliches ereignet sich auch beim Thema Gaming, bestimmten Musikrichtungen oder Extremsportarten. Es genügt eben nicht, dass ein Mensch eine Aussage über die eigenen Vorlieben und Hobbys macht. Nicht solange der Mensch kein Mann ist jedenfalls. Die eigene Wahrheit ist für uns nie zuverlässig und scheint von Männern ständig überprüft werden zu müssen.

4. Alternativ zum völligen Absprechen kann man weiblich Gelesenen ihre Expertise auch einfach kleinreden. Ein spektakuläres und prominentes Beispiel lieferte ein gewisser Joseph Epstein, der selbstredend gänzlich ungefragt in einem Gastbeitrag für das Wall-Street-Magazin vor einiger Zeit der First Lady der USA einen »kleinen Ratschlag«, »a bit of advice«, geben wollte. Man fragt sich zwangsläufig, was ihn seiner Meinung nach allein dazu befähigte, aber es wird natürlich noch besser. Er empfahl Dr. Jill Biden, die er (ein besseres Beispiel dafür, wie herablassend männlich Sozialisierte zuweilen mit weiblich Gelesenen sprechen, könnte es fast nicht geben!) bereits in der Anrede respektlos als »Kiddo« titulierte, nämlich, den Doktortitel nicht weiter zu führen. In seiner bescheidenen Wahrnehmung sei ein Doktor in Erziehungswissenschaften, generell auch in nicht naturwissenschaftlichen und ganz genau sogar in jeglicher Disziplin außer der Medizin (was einer gewissen Komik nicht entbehrt, wenn man die Anforderungen an eine Dissertation in der Medizin mit anderen Fächern vergleicht) kein richtiger Doktor. Folgerichtig sei der von Jill Biden geführte Titel betrügerisch und sogar »einen Touch komisch«. Haha.

Die Pointe daran ist ihm selbst gar nicht aufgefallen, er führt sie sogar als Argument an: Herr Epstein selbst hat nämlich keinen herkömmlichen Doktortitel, sondern lediglich einen Ehrendoktor. Dennoch fühlte er sich bemüßigt zu erklären, dass Doktortitel heute quasi hinterhergeworfen würden und eine Defensio dieser Tage einem »Kaffeeklatsch« ähnelte. Die Selbstüberschätzung dieses Exemplars führt zum nächsten Auswuchs von Mansplaining:

5. Dem unqualifizierten Geben von Tipps. Diese Methode geht über das gewöhnliche Erklären hinaus; es geht hierbei um ein Verhalten, bei dem Menschen, die im Extremfall seit wenigen Sekunden von einem Themenkomplex wissen, ausgewiesenen Expert*innen Vorschläge machen – in der Annahme, ihre Perspektive könnte gefragt sein, was bei genauerer Betrachtung auch die Annahme voraussetzt, die andere Person hätte in all den Jahren ihrer Beschäftigung mit dem Thema noch nicht den Gedanken gehabt, der ihm nun nach wenigen Minuten des Nachdenkens gekommen war. Klar, möglich ist das. Wahrscheinlich allerdings nicht, und es braucht wieder mal gehöriges Selbstvertrauen in die eigene Denkfähigkeit und ein Minimum an Zweifel an den geistigen Fähigkeiten des Gegenübers, um diesen Vorschlag dann schamlos auszusprechen. Das lässt sich zum Beispiel beobachten, wenn FINTA von Krankheiten erzählen, mit denen sie selbst diagnostiziert worden sind, und Zuhörende mit dem erstbesten Tipp aus Großmutters Hausapotheke antworten: »Hast du es schon mal mit frischer Luft versucht?«

Es kommt besonders häufig im Kontext »Feminismus« und dann oft als Vorzeigeaktivismus vor. Männer müssen sich – wie wir noch erfahren werden – in dieser Welt weniger intensiv mit Geschlechterungerechtigkeiten beschäftigen, in der Regel kommen sie also – wenn überhaupt(!) – auch erst später zum Feminismus. Nicht selten, weil sie von Frauen in ihrem Umfeld beeinflusst wurden, die noch weniger selten enorm viel emotionale Arbeit in ihre Bekehrung stecken mussten. Ich jedenfalls habe einige dieser späten Verbündeten in meinem Bekannten- und Freundeskreis und muss doch jedes Mal ein wenig schmunzeln, wenn sie mir – kaum dass sie entdeckt haben, wie ungerecht die Welt gerade für FINTA sein kann – mit schockgeweiteten Augen von Begegnungen berichten, in denen ihnen erst aufgefallen ist, wie sexistisch dies und jenes eigentlich sei. »Wusstest du, dass sogar Rasierer für Frauen mehr kosten als für Männer, obwohl es das gleiche Produkt ist?«, fragen sie mich. »Nein, wirklich!«, möchte ich sagen und ganz schnell einer anderen feministischen FINTA den Blick zuwerfen, um später darüber lachen zu können. Von allen Auswüchsen des Mansplaining-Überthemas ist dieser sicherlich der harmloseste und am liebsten gemeinte, aber es ist doch erstaunlich, dass einige Männer wirklich glauben, etwas, das ihnen zwei Wochen, nachdem sie sich das erste Mal tiefer mit Feminismus beschäftigt haben, aufgefallen ist, könnte mir neu sein. Dabei möchte ich mich gar nicht als allwissend aufspielen (wir wissen ja schon: Die ständig schwebende Gefahr, als Frau für arrogant gehalten zu werden, ist etwas, das man als Frau unbedingt zu vermeiden hat!). Es ist nur einfach so, dass das Rasiererbeispiel eines der am weitesten verbreiteten und sehr schnell googlebaren ist. Und als bekennende Feministin, die zum Thema auf Bühnen, in Talks und zum Teil sogar in Büchern spricht, ist es mir sicher schon mehr als hundert Mal begegnet. Davon würde ich generell auch bei jeder anderen feministischen Person ausgehen, die sich schon einmal mit Fakten beschäftigt hat.

Die schönste Anekdote dazu bietet der Kollege, der mir unter einem feministischen Artikel, den ich selbst auf einer queerfeministischen Plattform geschrieben hatte, die Kolumnen von Margarete Stokowski empfahl. Er verlinkte auch gleich noch ein paar weitere Kolleginnen, die sich mehrfach in der Öffentlichkeit feministisch (und zwar feministisch gebildet) geäußert hatten, um uns auch wirklich alle in den Genuss der wahrscheinlich bekanntesten deutschsprachigen Feministin zu bringen, die ihm zumindest ganz neu war.

Mit diesen fünf Ansätzen dürfte man also erst mal ziemlich gut fahren, wenn man sich auf das Feld des Mansplainings wagen möchte, und es freut mich sehr, dass ich das schon an dieser Stelle erklären konnte. Ich möchte ja schließlich nur helfen.

Jetzt habe ich also seitenlang beschrieben, welche Gesprächspraktiken unter Mansplaining fallen, und schon beim Schreiben kann ich es förmlich hören: »Was darf MANN denn dann überhaupt noch sagen?«, »Kann man also keine normale Unterhaltung mehr führen, ohne zu mansplainen?«, »Woher soll ich denn wissen, ob mein*e Gesprächspartner*in das schon weiß?«

Dank Designerin Kim Goodwin lassen sich all diese Fragen aber leicht beantworten. Sie hat 2018 eine grafische Übersicht auf Twitter gepostet, die die Frage »Am I mansplaining?« beantworten soll. Mich ihren Kategorien anschließend kann ich also sagen:

Wenn man vom als Frau gelesenen Gegenpart nicht gefragt wurde, nicht ausgewiesenermaßen mehr Expertise oder Erfahrung in einem Themengebiet hat, ja sogar annehmen muss, dass das Gegenüber mit mehr Expertise oder Erfahrung punkten kann, und man selbst im Fall, sich für erfahrener zu halten, davon ausgehen würde, dass ein Mann mit ähnlichem Bildungsgrad und Erfahrung wie das Gegenüber das Erklärte schon wüsste, kann man ziemlich sicher davon ausgehen, dass man gerade mansplaint. In diesem Fall also: einfach mal die Klappe halten.

Es bleibt weiterhin erlaubt,* weiblich gelesenen Personen seine Hilfe oder Expertise anzubieten, wenn man tatsächlich glaubt, man könne ihr Leben dadurch bereichern. Man sollte nur auch ein Nein akzeptieren können. Genauso

---

* Bevor es nun wieder heißt, Feministinnen wären Verbotsfetischistinnen: Man darf ja eh. Und man soll auch dürfen. Ich beziehe mich hier auf eine rein moralische Ebene: Wer kein Sexist sein möchte, sollte versuchen, nicht zu mansplainen. Und wer sich nicht jahrelang schämen will, sollte in Gesprächen mit Marmeladenexpertinnen eben auch nicht auf dem Unterschied zwischen Marillen und Aprikosen beharren. Das ist ja schließlich auch »erlaubt«.

ist es weiterhin völlig in Ordnung, Tipps zu geben, wenn man um Rat gefragt wurde. Oder wenn der gesamte soziale Kontext danach verlangt. Hätte mein Mathelehrer sich geweigert, mir die binomischen Formeln zu erklären, hätte das zwar im Ergebnis kaum Unterschied gemacht (meine Mathekenntnisse sind wirklich so abgrundtief schlecht, dass sie sich vermutlich irgendwo auf den Überresten der versunkenen Titanic eine gute Zeit machen), es wäre aber auch nicht sehr zielführend gewesen.

Nun haben Männer in meinem Leben verschiedene Rollen gespielt und spielen sie selbstverständlich noch immer. Nicht zuletzt teile ich seit nicht wenigen Jahren dieses, mein, Leben mit einem solchen Vertreter der Spezies Mann. Ich habe Brüder, Freunde, geschätzte Dozenten, Familienmitglieder, Mentoren und Kollegen, die ich allesamt nicht würde eintauschen wollen. Um den Titel eines Tracks der Rapperin Sookee zu zitieren: »Einige meiner besten Freunde sind Männer.« Dennoch lässt sich mit Blick auf meine persönliche Biografie nicht leugnen, dass die einschneidenden Rollen, die Männer in meinem Leben spielten, oftmals eher das Label »Bösewicht« als »Held« verdienten. Ich wurde in meinem Leben von Männern geschlagen, bedroht, beleidigt, erpresst, unzählige Male belästigt, herabgewürdigt und sexuell so übergriffig behandelt, dass es wahrscheinlich den Tatbestand der Vergewaltigung erfüllte.* All das ist kein tragisches Einzelschicksal, und ich

---

* Es ist kein Zufall und unserem Thema auch nicht gänzlich fern, dass ich dieses Wort in meiner Aufzählung erst nach einigen überarbeite-

möchte anmerken, dass ich von mir selbst stets als glücklich denke und spreche, nichts noch Schlimmeres erlebt zu haben – wie so viele meiner Freund*innen. Warum aber widme ich ausgerechnet dem Phänomen des Mansplainings ein Buch? Fällt in dieser Aufzählung das Verb »erklären« nicht stark raus? Zweifelsohne gehört diese Praxis in die Kategorie »Alltagssexismen«, es handelt sich vergleichsweise ja scheinbar um eine Kleinigkeit, und Männer, die mansplainen, in dieselbe Schublade stecken zu wollen wie Frauenschläger, Vergewaltiger und offen sexistische Machos, käme mir tatsächlich nicht in den Sinn.

Was mir aber in den Sinn kommt, sind unzählige Situationen, in denen Mansplaining in all seinen Ausprägungen mir als Frau das Leben schwergemacht, meine Selbstzweifel genährt, mein Selbstbewusstsein geschmälert, meine Wut problematisiert, meine Expertise verschwinden lassen und meinen Platz in der Welt infrage gestellt hat. Mansplaining und das, was daraus erwächst, das, was es bewirkt, hat mich zu größeren Unrechten zum Schweigen gebracht und an Orte gezwungen, an denen mir Schlimmeres passieren konnte. Mansplaining ist gewissermaßen ein Anfang im verzweigten und großen Labyrinth Sexismus. Rebecca Solnit schreibt dazu:

---

ten Fassungen aufschreiben und somit beim Namen nennen konnte. Ich bin in einer Welt aufgewachsen, die nicht nur die Schuld und Verantwortung für sexuelle Übergriffe bei mir sieht, sondern auch sehr gut darin ist, Geschehenes kleinzureden, zu beschönigen und im Nachhinein zu verdrehen – solange es einem männlichen Täter nützt.

» Die kategorische Behauptung, er wisse, wovon er rede, und sie nicht – in einem noch so geringfügigen Teil eines beliebigen Gesprächs –, perpetuiert die Hässlichkeit dieser Welt und hält ihr Licht zurück. […] Es muss auf diesem Planeten mit seinen sieben Milliarden Bewohnern Milliarden von Frauen geben, denen immer wieder erzählt wird, dass sie keine verlässlichen Zeuginnen ihres eigenen Lebens seien, dass ihnen die Wahrheit nicht gehöre, weder jetzt noch jemals sonst. Das geht natürlich weit über das Phänomen von Männern, die uns die Welt erklären, hinaus, aber es ist Teil desselben Archipels der Arroganz. «[10]

Und es wird Zeit, diese Arroganz (ja, diesmal die männliche) zu dekonstruieren, um FINTA ein Stück Macht, das sie verdienen, zurückzugeben. Die Macht, über die eigene Wahrheit zu verfügen und gleichwertiger Teil eines Gesprächs und der Gesellschaft zu sein.

Für alle, die sich bezogen auf diese Situation schon einmal machtlos fühlen mussten und in einem Gespräch kaum mehr beitragen durften als den rasch einer Verbündeten zugeworfenen Blick, aber auch für alle, die genau diesen Blick noch nie bemerkt haben.

Damit uns irgendwann mehr bleibt, als fassungslos, belustigt, entnervt, manchmal verzweifelt im Nachhinein zu lachen und uns doch wieder herabgewürdigt zu fühlen.

2. Sorry – not sorry
Was es in diesem Buch nicht geben wird

Bevor wir uns aber mit Enthusiasmus der Abschaffung jeglicher toxischer Überheblichkeit widmen, muss eines klargestellt werden:

> *»Entschuldigung. An alle Männer, über die ich hinterher gelacht habe: Es tut mir leid. Lieber Mitschüler, den ich verbessert habe, lieber Dozent, dem ich die Meinung gesagt habe, lieber Politiker, den ich habe auflaufen lassen, lieber Typ in der S-Bahn, den ich für sein sexistisches Verhalten bloßgestellt habe, liebes männliches Ego, das ich gekränkt habe, lieber Dude, mit dem ich nicht schlafen wollte, OBWOHL ich ihn angelächelt hatte: Bitte verzeiht mir. Lieber Peter oder Jürgen oder Markus, der du das hier liest, es tut mir leid. Liebe cis Männer, die ihr dieses Buch eventuell schon wegen seines provokanten Titels verurteilt habt, ja verurteilen musstet, es tut mir leid. Ich habe nichts gegen euch, ich hasse euch nicht, ja doch, es gibt ganz, ganz viele tolle Typen – auch in meinem Leben! Ja doch, ihr habt ja Recht, die anderen sind zum Großteil Einzelfälle, es tut mir leid. Liebe männliche Vorzeigefeministen, die ihr Besseres, Klügeres, Relevanteres hättet schreiben können: Es tut mir aufrichtig ehrlich so leid. Entschuldigung.«*

Ja, jetzt wird's kurz wehtun: Das alles wird nicht passieren. Genau diesen Absatz wird es in diesem Buch nicht geben. Ich habe ihn nicht ernst gemeint. So bitter das sein mag. Ihr könnt ihn wieder und wieder lesen, wenn ihr ihn braucht, ihr könnt ihn abfotografieren und euch das Foto immer wieder vor Augen halten, wenn euch meine Meinung zu wütend macht oder meine Fakten zu sehr auf euch zutreffen, denn ich werde ihn nicht wiederholen: Sorry – not sorry.

Dabei zählt »Entschuldigung« in all seinen Varianten definitiv zu einem der Wörter, das ich am häufigsten nutze. Morgens stehe ich auf, ein »Sorry, dass ich so lange geschlafen habe« schon auf den Lippen, zwischendurch entschuldige ich mich für das Wochenende, an dem ich nicht gearbeitet habe, die Waschmaschine, die ich nicht ausgeräumt habe, das Lob, das ich vergessen habe auszusprechen, die ehrliche Kritik, um die ich gebeten wurde, die ich aber eben doch ausgesprochen habe, das Abendessen, das ich zwar bezahlt, aber nicht selbst gekocht habe, und die Dreistigkeit, die ich besessen habe, nach der Gage für meine Arbeit zu fragen. Abends gehe ich schlafen, wahlweise mit einer Entschuldigung fürs lange Wachbleiben, mein frühes Müdewerden oder den Versäumnissen des Tages. Ich entschuldige mich faktisch am laufenden Band und merke es noch nicht einmal. Ich habe aber auch allen Grund dazu, denn ich komme leidenschaftlich zu spät, bin passionierte E-Mail-Ignorantin – und nicht zuletzt eine Frau.

Und vor allem dieser letzte Punkt dürfte der ausschlaggebende Faktor für mein scheinbar immenses Schuldgefühl sein. Allen Hans-Joachim-Ulfs und anderen Skeptiker*innen, die es bis hierhin geschafft haben, sei gesagt, dass das jetzt wirklich, wirklich nicht die Feminismus-Keule ist, sondern ein wissenschaftlich erwiesener Fakt. Es ist untersucht worden, dass 75 Prozent aller Entschuldigungen von Frauen ausgesprochen werden, und sogar, dass das gar nicht daran liegt, dass Frauen einfach mehr Mist bauen als Männer, wurde erforscht. Es gibt nur ganz einfach mehr Anlässe, zu denen Frauen eine Entschuldigung für angebracht halten. Sieht man sich näher an, wo wir diese Notwendigkeit überall zu sehen scheinen, kommt man schnell zu dem Schluss, dass es uns offenbar leidtut, überhaupt zu existieren. Und wer hätte es gedacht? Sich dafür auch noch ständig zu entschuldigen, macht es gar nicht besser! Ebenfalls wissenschaftlich belegt ist nämlich, dass das häufige Entschuldigen sich negativ aufs Selbstbewusstsein auswirkt. Was wiederum dazu führt, stärker und öfter das Bedürfnis zu verspüren, sich für das eigene Sein entschuldigen zu müssen.[11]

Die Mechanismen, bei denen weiblich sozialisierte Personen quasi ständig um Verzeihung für den eigenen Körper, die eigene Meinung, das Aussprechen dieser Meinung, die eigene Stimme, ja, das generelle Auftreten in der Welt bitten, sind dieselben, die alle FINTA in genau dieser Welt kleinhalten. Nur sind sie diesmal verinnerlicht, internalisiert.

Wenn ich an diesem Punkt dann aber doch noch kurz die Feminismus-Keule auspacken darf,* könnte man aber durchaus fragen, ob das eigene verinnerlichte Kleinmachen nicht damit zu tun hat, dass die Welt uns den Raum, den wir einnehmen, nicht zugestehen möchte und dafür eigentlich eine Entschuldigung erwartet. Schließlich gehört auch das andauernde Leisten von Abbitte für die eigene Person zu jenen vermeidenden, konjunktivischen Kommu-

---

* Sorry, Männer... obwohl nee, eigentlich doch nicht.

nikationsstrategien, die FINTA Personen anwenden müssen, um nicht als aggressiv, arrogant und schwierig zu gelten.

Wenn man hier noch einmal die Feminismus-Keule* auspacken möchte, darf man auch einen Blick auf das werfen, was FINTA Personen widerfährt, die sich ihren Platz nehmen, ohne um Verzeihung zu bitten. Menschen, die aufgrund ihres Geschlechts marginalisiert werden, mehr noch, wenn sie zusätzlich Diskriminierungen aufgrund ihrer Hautfarbe, Herkunft, Gesundheit oder Klasse ausgesetzt sind, haben weit mehr zu befürchten als ein schlechtes Image. Von drei weiblich gelesenen Personen hat laut einer Studie der Weltbank mindestens eine bereits Gewalt durch Männer erfahren. Das Bundesministerium für Familie, Senioren, Frauen und Jugend (BMFSFJ) belegt: Fast jede siebte weiblich gelesene Person wird vergewaltigt oder sexuell schwer genötigt. Und die Statistik des Bundeskriminalamts spricht ebenfalls eine deutliche Sprache: Jeden Tag versucht ein Mann in Deutschland, seine Partnerin zu töten. An jedem dritten Tag gelingt dieser Versuch.

Man kann es nun für einen weit hergeholten Stretch halten, die Entschuldigungssucht weiblich sozialisierter Menschen mit Femizid- und Gewaltstatistiken in Verbindung zu bringen. Oder aber man kann anerkennen, dass der fortwährende Versuch zu gefallen oder zumindest nicht unangenehm aufzufallen, mit der allgegenwärtigen Gefahr an Leib und Leben zu tun hat, die sich aus einem Nährboden

---

* Mensch, schon wieder, das tut mir jetzt... ach, never mind.

aus Gewalt gegen Marginalisierte, in diesem Fall ganz konkret gegen Frauen und weiblich gelesene Personen, speist. Wenn wir uns also für Kleinigkeiten oder das Nichterfüllen eines Idealbilds, erst recht für die eigene Meinung oder eine potenziell unangenehme Nachfrage entschuldigen, vermeiden wir damit nicht nur, eventuell nicht zu gefallen, als zickig und unsympathisch zu gelten, sondern ganz konkret auch, Zielscheibe männlicher Gewalt zu werden.

Dass dieser Gewalt freilich ganz andere Standards zugrunde liegen als die Anzahl der täglichen Entschuldigungen, bleibt dabei in einem System, das die Schuld und Verantwortung zuerst bei den Opfern sucht, außer Acht.

Es verwundert mit diesem Hintergrundwissen allerdings wenig, dass selbst – und vielleicht gerade – unerschrockene feministische Autor*innen breitgestreut rhetorische Entschuldigungen in ihre Manifeste einbauen. Eine arrogante F*tze, der Vergewaltigungs- und Morddrohungen hinterhergerufen werden, ist man ja schnell schon dann, wenn man das freundliche Flirtangebot in der U-Bahn abgelehnt hat. Eine kalte, abgebrühte Karriereschl*mpe wird man in Sekundenschnelle, wenn man eben weder Konjunktiv noch Entschuldigungen in geschäftliche E-Mails einbaut und dann vielleicht auch noch die Frechheit besitzt, Forderungen zu stellen. Welcher Gefahr setzen sich dann erst Menschen aus, die ein System kritisieren? Wie unaushaltbar unerwünscht muss es sein, die Verhältnisse infrage zu stellen? Und das tut man als Feminist*in natürlich. Es gilt in vielen Kreisen ja schon als radikal, den *Bachelor* oder *Germany's Next Topmodel* mit belegten Argumenten zu kritisieren. Wer im Alltag gegenderte Sprache benutzt, ist für einige an Fanatismus kaum zu übertreffen, und sollte man sich allen Ernstes außerhalb binärer Geschlechterkategorien verorten und das auch noch nach außen tragen, wäre man unrettbar abgedreht und hätte im gesellschaftlichen Konsens, in dem der Feminismus und seine Ziele zumindest noch diskutiert werden, schon lange keinen Platz mehr. Wohin katapultiert man sich aber erst, wenn man feministische Literatur publiziert?

Wir haben gelernt zu gefallen. Wir haben gelernt, dass das unser Ziel sein muss. Cis Männer haben es uns wieder und wieder erklärt. Haben uns belohnt für erwünschtes Verhalten, beleidigt für alles, was nicht gefallen hat. Wo wir es nicht verstanden haben, haben sie es uns eingeprügelt oder uns tief in den Körper gerammt. Andere FINTA haben es uns vorgehalten, haben sich mit uns verglichen, stets den männlichen Katalog, die Checkliste für weiblich akzeptiertes Verhalten unter dem *male gaze* in der Hand, haben uns ausgeschlossen und ganze Magazine und Fernsehformate gegründet, nur um sicherzugehen, dass wir auch wirklich verstanden hatten: Wir müssen gefallen.

Mehr und mehr übrigens, je weniger wir der Norm entsprechen. Lange Achselhaare an weiblich gelesenen Körpern beispielsweise gefallen dieser Gesellschaft nicht, machen wir uns da nichts vor. Wir ertragen sie aber – an weißen, dünnen Normkörpern, kombiniert mit langen Haaren da, wo sie sein sollen, auf dem Kopf nämlich, solange dieser Kopf nicht zu radikal denkt und der weiße Normkörper vielleicht auch noch ein hübsches Kleid trägt. So eine Person darf vielleicht sogar einen feministischen Gedanken fassen. Solange es nur die Achselhaare sind, wirkt das harmlos. Was aber, wenn dieser Haarwuchs in der Achselhöhle einer Schwarzen, einer mehrgewichtigen oder behinderten Frau sprießt? Diese Frau wandelt schon durch ihr Äußeres so sehr auf den Grenzen dessen, was normativ ist, was dem System gefällt, dass sie sich hüten sollte, zusätzlich jemanden zu kritisieren, der Macht hat. Wie und auf wen sich diese Macht verteilen kann, erkläre ich im nächsten Kapitel noch ausführlich, der Einfachheit halber nehmen wir hier einmal Männer und andere, die vom bestehenden System profitieren. Männer zu kritisieren kann also eine gefährliche Angelegenheit sein.* Und es gibt keinen Weg, Kritik zu äußern, ohne damit irgendjemanden anzugreifen. In gewisser Weise ist das ja der Sinn der Kritik. Wenn ein feministisches Buch Kritik am System des Patriarchats übt, übt es automatisch zugleich Kritik an denen, die dieses System aufrechterhalten. Oftmals haben diese Menschen aber gute Gründe dafür, und entsprechend verletzt, beleidigt oder aggressiv reagieren sie, wenn man ihnen ihre Grundfesten nehmen möchte.

Vermutlich liest man deshalb sogar in den messerscharfen systemverändernden Essays von der Gründungsmutter der Mansplainingsanalyse, Rebecca Solnit, in auffälliger Häufigkeit Sätze wie die folgenden:

»An dieser Stelle möchte ich eines betonen: Auch wenn so gut wie alle diese Verbrechen von Männern begangen werden, bedeutet das nicht, dass alle Männer gewalttätig wären.«[12]

---

* Ja, ja... nicht ALLE Männer.

Also ein eloquent ausformuliertes #notallmen. Dazu sei gesagt, dass sich diese fragwürdige Entschuldigung an mehrere Seiten feinste Recherche anschließt, warum Männlichkeit sehr wohl als Risikofaktor für gewaltvolles Verhalten gelten muss – und zwar leider relativ universell. Sie verkündet dabei keinen einzigen ihrer Schlüsse ohne die belegenden Zahlen. In keinem ihrer Essays fällt ein Vorwurf, niemand wird bloßgestellt, es wird nichts generalisiert, ihr wissenschaftlich nüchterner Stil ist nicht im Geringsten populistisch. Super, sollte man meinen. Ein Büchlein, das Argumente und scharfe Analysen liefert, ohne jemanden anzugreifen. Aber schon Solnit selbst zeigt an jeder erdenklichen Stelle ihrer Schriften, wie viel Angst man als Autorin solcher sprengkräftiger Brandsätze haben muss, jemand könnte verstehen, was uns diese Zahlen sagen müssen. Da kommt kein Kapitel ohne einen Rückzieher aus, da wird keine Aussage getroffen, ohne sich schon im vorauseilenden Gehorsam bei denjenigen zu entschuldigen, die sich mitgemeint fühlen könnten, weil sie es nicht gewohnt sind, dass die Debatte ohne sie geführt wird. Da belegt also eine kluge, talentierte und als Expertin anerkannte Frau seitenlang, welche strukturellen Probleme es gibt, um dann sinngemäß schnell hinterherzuschieben: »Aber ich kenne auch wirklich ganz, ganz viele tolle Männer!!«

Und Solnit ist kein Einzelfall. Den Wunsch, in einer Welt nicht zu sehr anzustoßen, die mit und innerhalb des Patriarchats existiert, kann man aus vielen feministischen Werken herauslesen. Das Absurde daran: Es hilft natürlich überhaupt nichts. Auch die harmlosesten und unschuldigsten Aktionen ernten harscheste Kritik, unter jeder noch so vorsichtig getroffenen Aussage im Netz steht eine sexistische Beleidigung, jedes noch so gut recherchierte aktivistische Buch kommt mit einem unsachlichen Extrapaket voller Mord- und Vergewaltigungsdrohungen an die Person, die es geschrieben hat.

Meine Meinung dazu steht und klingt vielleicht sogar unbarmherzig: Genau wie noch kein Rechtsradikaler zum Menschenfreund geworden ist, wenn nur lange genug niemand ausspricht, wes Geistes Kind er ist, wird kein Macho je Respekt gegenüber FINTA zeigen, wenn man ihm nur vorsichtig genug erklärt, dass auch sie Menschen sind.

Denn von den Inhalten kann man nun mal nicht abrücken, wenn man feministische Politik macht. Da kann die Verpackung noch so süß, harmlos, rosarot und honigschmierend daherkommen, da kann der Inhalt noch so minimiert und reduziert sein, darin versteckt sich unweigerlich ein Angriff auf ein (für manche) funktionierendes System. Gelebter Feminismus bedeutet, der Ist-Zustand kann nicht erhalten werden, und wer vom Ist-Zustand profitiert, sieht natürlich ungern Veränderungen. Genau deshalb hören wir so ungern Kritik an diesem System. Genau deshalb beziehen wir diese Kritik vermutlich auf uns und zeigen uns in der Reaktion verletzt, wütend oder ignorant. Genau deshalb erwarten wir eine Entschuldigung von denen, die unsere Welt ins Wanken bringen wollen.

Eine Freundin erzählte mir, sie hätte ihrer Lieblingstante, nachdem die beiden immer wieder in heftige Diskussionen über »neumodische Ismen« und gröbere Ungerechtigkeiten geraten waren, das Hörbuch *Was weiße Menschen nicht über Rassismus hören wollen, aber wissen sollten* von Alice Hasters – eingesprochen von der Autorin selbst – geschenkt. Dieses Werk bot uns leider in seiner Rezeption einige Beispiele für Mansplaining, white tears und weitere typische Reaktionen, die man erwarten muss, wenn man ein unterdrückendes System kritisiert. Ex-Lehrer Dieter Nuhr, der im Ersten ausschließlich Programm für alte weiße Männer zu machen scheint und sich selbst zum Kabarettisten des gesunden Menschenverstands stilisiert sehen möchte, zog in seiner Sendung beispielsweise über das Buch her. Dabei warf er der Autorin aufgrund des Titels Rassismus gegen Weiße vor* und erklärte dem Fernsehpublikum schließlich, das Buch sei in den USA »ein Riesenrenner« gewesen und letztendlich schuld am Erfolg Trumps. Eine große Verantwortung für das Buch einer Kölnerin, das bis dato nicht mal in den USA verlegt worden war. Man kann darüber streiten, ob es nun impertinenter ist, sich als weißer Mann mit Medienreichweite als Rassismusopfer einer Schwarzen Frau darzustellen oder durch die Annahme, eine Schwarze Autorin müsse Amerikanerin sein, direkt zu bestätigen, wie rassistisch sein Denken ist – oder aber komplett ohne Recherche und Vorbereitung vor ein Millionenpublikum zu treten und haltlose Vorwürfe und Unwahrheiten über eine Frau zu verbreiten. Ein Paradebeispiel für männliche weiße Selbstverständlichkeit und Kritikunfähigkeit war es allemal.

Ich erwähnte hier aber gerade extra, dass es sich bei dem Geschenk meiner Freundin um das Hörbuch handelte.

---

* Dieter, falls du das hier liest: Ich gehe davon aus, dass du Frau Hasters' kluges Buch auch nach der peinlichen Sendung nicht gelesen hast und deshalb immer noch nicht weißt, wo eigentlich dein Denkfehler liegt. Vielleicht lernst du es ja im nächsten Kapitel, also dranbleiben!

Denn während schon das Buch selbst mit gewaltfreier Sprache auskommt, sehr sachliche und einfühlsame Argumente nutzt und dabei bewundernswert viel Rücksicht auf die Gefühle derer nimmt, die durch ihre Sichtweise der Autorin das Leben schwermachen,* ist die gelesene Variante wirklich ein Musterbeispiel für ein sanftes, niedrigschwelliges Bildungsangebot, das Schritt für Schritt von der Biografie der Autorin selbst ausgehend und ohne dass man meiner Meinung nach auch nur Frustration, geschweige denn Wut oder Überheblichkeit in ihrer Stimme hören würde, analysiert, auf welche Fehlannahmen, Mikroaggressionen und Rassismen weiße Menschen systematisch und oft unbewusst zurückgreifen.

Die Tante meiner Freundin hörte also das Hörbuch von Alice Hasters und gab ihrer Nichte danach zu, einiges neu und besser verstanden zu haben. Das seien ja ein paar wirklich aufrüttelnde Geschichten gewesen, die ihr in vielerlei Hinsicht die Augen geöffnet hätten. So weit, so schön. Mit geöffneten Augen sieht man ja schließlich auch Ungerechtigkeiten viel besser und kann vielleicht sogar was dagegen tun. Eines aber hätte sie doch gewaltig gestört, mit einem könne sie wirklich nichts anfangen: diese Aggression nämlich!

Tonalität und auch Formulierungen und ihre Wirkung sind sicherlich Wahrnehmungssache, und es ist möglich, dass ein Text und seine Vortragsweise, den ich als achtsam und angenehm empfinde, für andere aggressiv und schnippisch klingt. Mein Erstaunen und das meiner Freun-

---

* Ehrlich mal, Dieter, das lohnt sich echt!

din jedenfalls waren groß angesichts dieser riesigen Wahrnehmungsdifferenz. Ich versuchte nach unserem Gespräch herauszufinden, was gemeint sein könnte, hörte einzelne Kapitel noch einmal und musste für mich erneut feststellen: Aggressiv ist an diesem Buch lediglich die Konsequenz aus dem, was darin steht. Dass man nämlich selbst Teil eines unterdrückenden Systems ist. Eine Aggression, für die weder die Autorin noch ihre Sprache etwas kann.

Worauf ich damit hinauswill? Vielleicht auf eine großangelegte Rechtfertigung dafür, warum ich mich im Folgenden nicht mehr für das entschuldigen (oder rechtfertigen, haha) möchte, was ich hier aus tiefster Überzeugung (und eingehender Recherche, lieber Dieter) schreibe. Weil Entschuldigungen in diesem Bereich nichts helfen. Weil Kritik nun mal Kritik bleibt und immer von jemandem so gelesen werden wird. Unabhängig davon, wie entschuldigend, unterwürfig, klug, gewitzt oder gewaltfrei sie präsentiert wird. Die Komikerin Katherine Ryan, die in ihrem Programm Geschlechterungerechtigkeiten anspricht und in – für eine Frau! – teilweise derbem Ton gegen Männer austeilt, entlarvt die Scheinheiligkeit, mit der die verletzlichen Gefühle dieser Männer über ihr Recht gestellt werden, Problematisches anzusprechen, indem sie die darin implizierte Forderung nach Entschuldigung auf die Spitze treibt: Sie schlägt vor, man könne Männer mit Sandwiches bewerfen, sobald sie sich unwohl fühlten, vor ihnen auf die Knie gehen oder das Bühnensetting für Comediennes wie eine Küche gestalten. Als präferierten Vorschlag stellt sie dem Publikum aber Folgendes vor: »I just think, they should grow a dick instead«, womit sie die Verantwortung zurück an diejenigen gibt, die die Meinung einer weiblich gelesenen Person eben schlichtweg aushalten müssen.

Es kann gar nicht genug betont werden, wie wichtig es ist, dieses Verhältnis von Verantwortung klar zu benennen. Es ist immerhin einer der leichtesten Zaubertricks von Mansplaining und dem Patriarchat ganz generell, hier eine Verlagerung zu erreichen.

Wir als weiblich sozialisierte Personen entschuldigen uns nämlich nicht nur aus Selbstschutz und weil wir gefallen müssen. Wir haben noch eine weitere Sache gelernt, die uns daran hindert, das Patriarchat allzu radikal zu stürzen: Wir sind verantwortlich für die Gefühle anderer.

Man kann durchaus argumentieren, dass eine vollkommene Ablehnung dieses Leitsatzes nicht gerade für empathische und sozial denkende Menschen spricht, warum er aber nur und in ungesunder Ausprägung für FINTA gelten soll, kann und sollte hinterfragt werden, ich denke, darauf können wir uns einigen. Denn Gefühlsarbeit ist Frauensache, auch das haben wir gelernt. Dass wir das eben besser können. Dass es uns leichter fällt, dass es in unseren Genen steckt. Dabei steckt es nachweislich in unserer Erziehung. Wir werden zu Caretaker*innen erzogen, und ähnlich wie uns eine generell entschuldigend-vermeidende Passivität sowohl durch psychische Erwartungshaltung als auch durch physische Gewalt antrainiert wird, wird uns beigebracht, nicht nur unsere eigenen Gefühle zu managen, sondern die aller anderen Personen im Raum noch dazu. Daran hängen dann sowohl schöne Gardinen (daran – und an Stangen, das muss ich zugeben, allein an der Erwartungshaltung würden sie vermutlich rutschen) und andere

Interieur-Gadgets, die Besucher*innen und Boyfriends das Leben angenehmer machen sollen, als auch Kommunikationsstrategien und die »freiwillige« Übernahme unangenehmer Tätigkeiten. Gemma Hartley beschreibt in ihrem Buch *Es reicht. Warum Familien- und Beziehungsarbeit nicht nur Sache der Frau ist* sehr klar, wie und warum weiblich gelesene Personen die Verantwortung für »emotional labor« auf sich nehmen. Am Ende stehen sie nicht nur mit einem weitaus höheren Anteil an geleisteter Haus- und Erziehungsarbeit und der zusätzlichen Aufgabe da, die wenigen Prozent, die sie nicht selbst übernehmen, an potenzielle männliche Partner zu delegieren, sondern darüber hinaus auch noch den Stress haben, ihre Delegation freundlich genug kommunizieren zu müssen, um dem armen Partner nicht ein schlechtes Gewissen oder – irgendeine weiblich gelesene Person bewahre bitte schnell! – schlechte Laune zu bereiten.[13] Besser also, man präsentiert seine Kritik auf Knien mit servierbereiten Sandwiches und entschuldigt sich schon währenddessen mehrfach dafür, als auf den absurden Gedanken zu kommen, ein kritisierter Mann müsse für seine eigenen Gefühle Verantwortung übernehmen.

Ich bin dieser Erwartungshaltung in fast jedem Bereich meines Lebens schon begegnet und merke fast täglich, wie ich sie auch internalisiert habe. Es fällt mir enorm schwer, diese Verantwortung zurückzugeben und meine eigenen Grenzen und Gefühle wenigstens genauso zu respektieren wie die wildfremder Menschen um mich herum, im Internet oder im Publikum. Viel zu oft mache auch ich meinen Selbstwert noch immer an männlich-heteronormativen

Maßstäben fest und lasse es zu meiner höchsten Maxime werden, bloß niemanden zu verärgern. Hauptsache, ich bin nicht schuld daran, wenn ein Misogyner sich nicht zum Feminismus bekehren lässt. Hauptsache, ich war's nicht, wenn ein Heranwachsender sich in seinen Klischees bestätigt fühlt, und Hauptsache, ich muss nicht mit den Schuldgefühlen umgehen, wenn ich die Gefühle weißer cis Männer nicht wichtiger genommen habe als meine Meinung. Deshalb entschuldige ich mich so oft, deshalb trage ich (nicht nur deshalb, aber auch) Make-up und Kleider, wenn ich öffentlich über Feminismus spreche, und deshalb war es mir lange wichtig, auf keinen Fall als Männerhasserin oder »Feminazi« zu gelten. Dabei sind das alles Tropfen auf den heißen Stein, pinkfarbene Rasierapparate im kapitalisierten Sexismus. Warum sollte es denn wichtiger sein, ob ich Männerhasserin bin,* weil ich die Wahrheit über ein

---

* Es war für mich übrigens nach all den Jahren, in denen es meine größte Sorge war, irgendein Typ könnte denken, ich würde Männer generell hassen, eine Befreiung *Ich hasse Männer* von Pauline Harmange zu lesen. Auf etwas über 90 Seiten findet man hier ein bestechend logisches (und leider sehr weißes, heteronormatives und binäres) Plädoyer für den Männerhass. Mit beschwingender Unbekümmertheit und ohne jegliche Entschuldigung argumentiert sie, dass kollektiver Männerhass – ganz anders als Frauenhass – bis zum heutigen Tag kein einziges Gewalt- oder Todesopfer gefordert hätte und in gewisser Weise nur die gerechtfertigte Reaktion auf die Art sei, wie Männer Frauen seit Jahrtausenden behandeln würden. Kolumnistin Sibel Schick hat zu Recht in einem Instagrampost angemerkt, dass Harmange recht undifferenziert von der Perspektive einer weißen cis Frau ausgeht und damit das System der Gewalt und Unterdrückung unsichtbar macht, das von weißen Frauen gegen Schwarze, trans oder schwule Männer ausgeht und beispielsweise die Lynchmorde einiger Sklaven zu verantworten hat. Als – wohlgemerkt – weiße cis Frau möchte ich anmerken, dass es sich dabei zwar unweigerlich um ge-

männlich dominiertes System sage, als ob mein Gegenüber nicht vielleicht ein fragwürdiges Bild von Männern hätte, wenn er meine Aussagen über schlagende, vergewaltigende, erniedrigende Männer auf sich selbst und alle Männer bezieht? Der Großteil der Gewalttaten geht von Männern aus – sagt die Statistik. »Not all men!«, schreien diejenigen, die diese Aussage wohl da getroffen hat, wo es wehtut. Und natürlich sind es nicht alle Männer. Trans Männer sind es zum Beispiel nur sehr selten.

Die großartige Katherine Ryan hat noch mehr praktische Tipps zur Hand, wie man auf die Schreihälse eingehen kann. Sie findet zum Beispiel, dass sich Männer recht gut mit Delfinen vergleichen lassen. »Sie sind sehr intelligent – fast so klug wie Menschen«, scherzt sie, aber »überdurchschnittlich viele von ihnen stellen sich als Vergewaltiger heraus – Hashtag ›notalldolphins‹... but many dolphins!« Not all men, aber seien wir ehrlich: viel zu viele Männer. Es sind (hoffentlich) nicht alle Männer, aber es sind genug, um ein generelles Misstrauen gegenüber cis Typen zu rechtfertigen. Es sind ja noch nicht mal alle Andreasse, Jürgen oder auch nur Peter: #notallPeter*

Ich selbst kenne und kannte viele Peter (ich komme ja aber auch aus Bayern), Joachims und Martins – und ich könnte hier seitenlang eine indirekte Entschuldigungsrede schreiben, ein Loblied auf all die guten Männer mei-

---

zielte Aggressionen gegen Männer handelte, die Motivation dafür aber vielleicht weniger Männerhass als tief verwurzelter und tödlicher Rassismus, Trans- oder Schwulenfeindlichkeit war und ist.

* Ich hätte trotz meiner gegensätzlichen Haltung im Übrigen nichts dagegen, wenn dieser Hashtag trenden würde.

nes Lebens, die ich über die Maßen schätze, mit denen ich befreundet, verwandt oder verschwägert bin, die ich bewundere oder von denen ich sogar lernen durfte. Aber das wird nicht passieren, sorry – not sorry. Allein diese Richtigstellung sollte selbstverständlich und damit unnötig sein. Nach der Lektüre dieses Buchs spätestens dürfte hoffentlich klar sein, dass weder #menaretrash noch die Wortschöpfung »Mansplaining«* ein gewaltvoller Angriff auf die unterdrückte Gesellschaftsgruppe der Männer ist und der Titel meines Buchs keine Hexenjagd auf den gemeinen cis Mann. Es sollte nicht meine Aufgabe sein, mich schon jetzt bei jedem x-beliebigen Mann zu entschuldigen, den ich auf dem Cover vielleicht angreife. Es gab genug Männer in meinem Leben, die mich so dermaßen von oben herab behandelt, mich beleidigt und kleingemacht haben, dass allein ihre Aggression mir gegenüber Grund genug für Wut wäre. Und manchmal hießen sie sogar Dieter. Ich erwarte nicht, dass sämtliche Hans-Peter (und Dieter und... na ja, Männer) sich von diesen Namensvettern distanzieren, erwartet ihr dafür aber auch keine Entschuldigungen. Es wäre enorm zeichenhaft, die Gefühle irgendeines Hendriks wieder über die kollektiv erfahrene Ungerechtigkeit zu stellen, die ich in diesem Buch beschreibe.

Es tut mir leid, aber es tut mir nicht leid. Was ich hier schreibe, müsst ihr, liebe cis Männer, einfach aushalten. Es ist mein Beitrag zur Debatte, meine Meinung, meine

---

* Noch der Hashtag »yesallPeter«, den es in der Form natürlich noch nicht gibt, weil dazu zunächst #notallPeter viral gehen müsste. Ihr wisst, was zu tun ist!

Perspektive. Und die darf ich äußern, ohne mich dafür zu entschuldigen, dass ich eine besitze – auch wenn ich eine Frau bin.

Ich möchte mich nicht dafür entschuldigen, Wahrheiten und klare Meinungen auszusprechen. Wer sich davon angegriffen fühlt, dass jemand ein krankendes diskriminierendes System anprangert, sollte sich überlegen, warum ihm an diesem System so sehr gelegen ist.*

---

* Und wer an dieser Stelle überzeugt ist, dass dieses Plädoyer gegen voreilige Entschuldigungen dennoch selbst in die erwähnte Richtung schlägt, nehme das gerne als Beweis für die Angst und die Zwänge einer weiblichen Sozialisation, vor denen auch ich nicht gefeit bin.

3. What is it with the privileges?//
Wer die alten weißen Männer sind, und warum sie die Klappe halten sollen

Um mich nun ohne jede Entschuldigung* dem im ersten Kapitel angesprochenen System und seinen Privilegien zu widmen, möchte ich mit Lyrik beginnen. Es gibt nämlich ein Gedicht von Jean Tepperman, in dem es heißt:

> *You serve the man*
> *drinks and dinner*
> *then sit on his lap*
> *and ask for a revolution –*
> *just a little one*
> *for being such a nice girl.*[14]

In diesem Gedicht geht es um Privilegien. Solche, die man sich scheinbar verdienen kann, indem man beispielsweise ein braves Mädchen ist, und solche, die man von Natur aus hat, weil man immer schon derjenige war, der die Privilegien vergibt und dem Getränke und Abendessen serviert werden.

Wenn ich über Privilegien sprechen will, muss ich zunächst über mich sprechen. Denn ich habe beides. Die Privilegien, von denen dieses Kapitel handeln soll. Die, die immer schon da waren: Dass ich weiß bin und mich mit dem Geschlecht identifiziere, das mir bei der Geburt zugewiesen wurde, dass ich aus einem Haushalt mit akademisch gebildeten Eltern stamme, dass ich selbst umfassende Bildung erfahren habe, dass ich able-bodied bin und so vieles mehr.

---

* Ich werde es jedenfalls versuchen. Ich hoffe, man verzeiht mir, falls ich doch... oh.

Und die, von denen ich fest glaube, sie verdient zu haben. Weil ich doch so ein braves Mädchen war. Weil ich so hart arbeite und so gut ins System passe. Ich glaube, sie stehen mir zu, weil ich talentiert bin und fleißig, weil ich netzwerke und freundlich bin. Und wahrscheinlich denke ich vor allem, dass sie mir zustehen, weil mir das von klein auf immer wieder versichert wurde.

Manchmal kann ich selbst nicht glauben, womit ich mein Geld verdienen darf. Wenn ich gefragt werde, was ich beruflich mache, habe ich die Wahl, als wer ich gesehen werden will. Meine Auswahl ist groß und das Angebot ungewöhnlich und potenziell aufregend. Opernsängerin? Kabarettistin? Autorin? Oder wähle ich die etwas unsexy klingende, aber zutreffende Bezeichnung »Poetry Slammerin«? Möchte ich erzählen, dass und wie man »davon leben« kann? Will ich bewundert werden? Befragt? Akzeptiert? Ich kann wählen.

Wenn ich wirklich ehrlich sein wollte, könnte ich all das aber auch zusammenfassen. Ich könnte mir den Struggle sparen zu erklären, wie und in welcher Auslastung ich alle diese Dinge gleichzeitig mache, und ganz einfach antworten: »Feministin«.

Denn ich bin Berufsfeministin geworden. Nicht unbedingt willentlich, und natürlich bin ich so auch nicht beim Finanzamt gemeldet. Es gibt keine Stellenausschreibung für diesen Job: »Berufsfeminist*in gesucht, männlich/weiblich/divers.« Und doch trifft es das. Ich habe es mir zur Aufgabe machen lassen, meine Agenda in die Welt zu tragen und damit gleichzeitig mein Geschlecht und meine Ideologie zum Kapital gemacht. Ich schreibe Auftragstexte für Gleichberechtigungsstellen, halte Vorträge auf Genderkonferenzen, gebe Workshops für die bundesfinanzierte Mädchenarbeit und werde für Rollen in feministischen Selbstermächtigungsopern besetzt. Keine Frage: Es hätte leichtere Jobs gegeben – auch in meinen Berufsfeldern. Wenn man erst mal hauptberuflich Feministin ist, zeichnet man damit nämlich für die gesamthistorische Entwicklung des Feminismus und damit auch für all seine weniger glorreichen Stunden verantwortlich. Man erklärt sich zwangsläufig bereit dazu, in jeglicher Diskussion befragt und angegriffen zu werden, auch privat jederzeit Zahlen und Statistiken zur Hand zu haben, andernfalls die alleinige Schuld am Machismus des Gegenübers zu übernehmen, und: Man steht selbstverständlich 24 Stunden lang zur Verfügung für diverse Formen der Hatespeech, zielgerichtete Selbstbeweihräucherungsmonologe der sogenannten »good boys« und natürlich auch und vor allem für Belehrungsversuche all jener Männer, die durch ihre unendliche Weisheit den Feminismus bereits überwunden, enttarnt und sehr viel besser verstanden zu haben glauben, als es jede feministische Person je könnte.

Typen, die mir meinen Feminismus erklären und freundlicherweise auch gleich, was ich daran falsch verstanden habe, sind eine ganz eigene Spezies von Mansplainern, und ich bin mir sicher, dass es für sie auch eine ganz eigene und spezielle Hölle gibt. Neben diesen relativ ignoranten Exemplaren gibt es jedoch auch Menschen jeden Geschlechts, die aufrichtiges Interesse daran haben zu erfahren, was es mit diesem Feminismus auf sich hat, den ich so professionell praktiziere. Die Diskussion mit diesen

Menschen gehört genauso zum Berufsbild und ist ein oftmals anstrengender, aber wichtiger Teil des Ganzen. Ich gebe mir Mühe, diese Gespräche mit der gebotenen Sanftheit und Geduld zu führen. Dabei muss ich keiner Taxifahrerin gleichen, die alle abholt, wo sie stehen. Aber es gehört nun mal zu meinen Zielen, ernsthaft Interessierte nicht zu verschrecken, sondern ihnen einen Zugang zu dem zu eröffnen, was ich für eine Möglichkeit halte, einen großen Teil der sozialen Ungleichheit zu beenden. Dafür bin ich gerne bereit, mir die immer gleichen Fragen und Vorurteile anzuhören. Trotz allem gibt es Aussagen, die mich bei aller Geduld zum Augenrollen verleiten. Es sind nicht die naiv gestellten Fragen, die mich auf die Palme bringen, sondern jene nur scheinbar cleveren Schlüsse, die stets mit unüberhörbarem Stolz vorgetragen werden. Es handelt sich dabei um einen Stolz, der im Wesentlichen aus Uninformiertheit, dem Willen zu provozieren und der gleichzeitigen tiefsitzenden Überzeugung, eigentlich Recht zu haben und jetzt endlich das entscheidende weltverändernde Argument erdacht zu haben, geboren wird. Er äußert sich beispielsweise in Aussprüchen wie diesen:

»Und wenn eine Frau meint, alles besser zu wissen, ist das dann Womansplaining?«

»Werden auf LGBTQI+-Partys denn nicht Heteros diskriminiert?«

»Mich hat auch schon mal eine Frau auf mein Outfit reduziert!«

»Aber gegen Weiße gibt es doch auch Rassismus!«

Diese Aussagen sind nichts als ein triumphierendes »Ha! Daran hast du noch nicht gedacht! Und jetzt sitzt du in der Falle!«. Man kann sie den Sprechenden zunächst kaum verübeln. Doch spätestens an dieser Stelle wird es für jede gute Berufsfeministin Zeit, einen entscheidenden Ball ins Spiel zu bringen: Privilegien. Dieses Wort ist vielleicht das Schlüsselwort schlechthin, um über jede Form von Ismen zu sprechen. Eine Debatte über Mansplaining erübrigt sich, wenn wir nicht davon ausgehen, uns in einer Welt mit unterschiedlicher Privilegienlage zu befinden. Ohne diesen Schlüssel können wir uns höchstens auf einer theoretischen Ebene bewegen, die das ganze Bild nicht annähernd in den Blick nimmt. Und wenn die Diskussionspartner*innen bisher ohne diesen Ball gespielt haben, eröffnet sich ihnen erst jetzt das eigentliche Spielfeld.

Ich habe zahllose Diskussionen erlebt, die vollkommen ohne das Konzept von Privilegien auskamen und daher irgendwann zu genau diesen Fragen und Schlussfolgerungen führen mussten. In einer Welt ohne soziale Ungerechtigkeiten wären sie vielleicht sogar richtig. Weil wir aber in dieser Welt nicht leben, ist es wichtig zu begreifen, wo der Unterschied liegt, und warum »alte weiße Männer« kein bloßes heraufbeschworenes Feindbild sind, mit dem es sich Feminist*innen leicht machen. Warum es eben nicht »genau das Gleiche« ist, wenn heterosexuelle cis Männer nicht auf LGBTQI+-Partys dürfen. Und warum es okay ist, wenn der weiße Peter (und ja, auch in dieser Wortwahl) auch mal seine Fresse hält.

Privilegien haben sich zu einem heißen Eisen in der oftmals sehr aggressiv geführten Debatte um so manche strukturelle Diskriminierung und die heutige Zeit generell entwickelt. Bei all der Hitzigkeit, der Wut und den verschiedenen Befindlichkeiten kann es leicht passieren, dass ein – dem nicht verstehen wollenden Gegenüber entgegengeschleudertes – »Check your privileges!« zum vorzeitigen Ende der Konversation führt – eine verlorene Chance, da es die eigentliche Konversation doch erst möglich machen könnte. Ich habe oft erlebt, wie dieses Schlüsselwort zum Reizwort mutierte und sich Menschen, die zuvor noch rational und ohne Scham die stereotypischsten Verletzungen in Richtung benachteiligter Gruppen schwadronierten, plötzlich durch den »Vorwurf«, privilegiert zu sein, tief verletzt zeigten. Die eigenen Privilegien zu erkennen scheint eine persönlich extrem herausfordernde Sache zu sein. Es fällt schwerer, die eigene – ungerechte – Bevorzugung zu sehen als die – ebenfalls ungerechte – Diskriminierung anderer. Die Menschen, die so emotional auf den Privilegiencheck durch andere reagieren, sind erstaunlich oft Männer. Sie sind fast immer weiß und ja, meistens sind sie »alt« – wenn das konkret auch nicht an eine Zahl, vielmehr an eine Einstellung und bestimmte Erfahrungen sowie die Relation zum Gegenüber geknüpft ist. Es betrifft also durchaus auch jüngere Männer. Alter spielt in dieser Wortschöpfung vor allem deshalb eine Rolle, weil es die Angesprochenen zu Männern einer Generation zählt, die in einer noch stärker patriarchal geprägten Welt aufgewachsen und sozialisiert worden ist. Das »Alt« beschreibt kein reales Alter und wäre als Form von Ageismus definitiv falsch verstanden. Es definiert den Punkt, an dem diese Männer stehen: Sie haben ihre Ausbildung bereits hinter sich und in vielen Fällen ein gewisses soziales Standing. Sie kennen eine Welt, in der ihre Männlichkeit und ihre Hautfarbe sie zu wertigen Mitgliedern der Gesellschaft macht, als Norm. Sie sind eine Form von Respekt gewohnt, die sich nicht an ihren Persönlichkeiten oder Errungenschaften orientiert, und hatten vergleichsweise wenig Zeit, sich auf eine dritte Welle eines stetig intersektionaler werdenden Feminismus einzustellen.

Diese Kombination aus alt, weiß und männlich ist kein Zufall und genauso wenig, dass sie es als solche in unseren alltäglichen Wortschatz geschafft hat, wann immer wir über Politik und die verschiedensten Ismen sprechen. Wir widmen ihnen Bücher, Kampfmanifeste und Totschlagargumente. In feministischen Kreisen hat die beliebte Kombo sogar eine eigene Abkürzung bekommen, dort spricht man von »AWM«. Sophie Passmann hat dieser Klientel ein ganzes Buch gewidmet, im Untertitel will ihr Werk gar »ein Schlichtungsversuch« sein, und auch die Kritiken nennen es ein »Abarbeiten am Feindbild«. Im Buch begegnet sie den Titelhelden selbst, die wortreich und zum Teil entgegen der Einschätzung der Autorin beweisen, dass sie den Titel ebenso verdienen, wie sie ihn als Feindbild ablehnen. So verhärtet sind die Fronten.

Was hat es nun aber auf sich mit dem Vorwurf, der diese AWM so zu verletzen scheint? Der Duden definiert ein Privileg als »einem Einzelnen, einer Gruppe vorbehaltenes Recht« beziehungsweise ein »Sonderrecht; eine Sonderregelung«. Die Ergänzung im aktivistischen Kontext – spätestens seit die amerikanische Feministin Peggy McIntosh den Begriff prominent prägte – ist wohl entscheidend und lautet: »unverdient«.[15] Demnach handelt es sich bei Privilegien um unverdiente Vorteile, die nur bestimmten Personen zukommen. Hier zeigt sich die Problematik, dass der feministische Diskurs oftmals mit englischen Begriffen – und nicht zuletzt auch aus dem Kontext eines englischsprachigen Kulturraums heraus – geführt wird. Ein Privileg verbinden wir im Deutschen viel eher mit etwas, das man sich verdienen kann. Als Vokabel in dem Kontext, in dem wir uns hier bewegen, muss es aber als unverdient und geradezu zufällig re-definiert werden. Peggy McIntosh merkt außerdem an, dass die positive Konnotation des Wortes irreführend ist. Ein Privileg muss laut ihrer Definition nichts zwingend Erstrebenswertes sein, wenn es durch sein Ungleichgewicht nicht dem Wohl der Gemeinschaft dient. Unter diese Definition fällt dann das Weiß-Sein genau wie das Mann-Sein. Zum Privileg, weiß zu sein, gehört es, keinem Rassismus ausgesetzt zu sein. Ausgehend von McIntoshs Essay gibt es mittlerweile mehrere Seiten umfassende »Privilegien-Check-Listen«, die es ermöglichen, sehr genau einzuschätzen, welche der eigenen Vorteile anderen Gruppen zum Nachteil gereichen, und in welchen Bereichen man scheinbare Selbstverständlichkeiten genießt, die anderen – weniger Privilegierten – verwehrt bleiben. Alt zu sein ist dabei nicht zwingend ein Privileg, es kann im Gegenteil sogar zum Nachteil werden. Wie so oft im Leben kommt es auch hierbei auf die Begleitumstände an.

Beispielsweise darauf, mit welchen anderen Privilegien Alter kombiniert und wie es ganz generell definiert wird. Zusammen mit den Privilegien Weiß-Sein und Mann-Sein macht es sich nämlich oft ganz gut. Statistisch sind wir geneigter, den bereits im Leben stehenden Männern zu glauben als den jungen Unerfahrenen, sie zu wählen, uns von ihnen führen und – Überraschung! – die Welt erklären zu lassen. Prominente Beispiele dieser Spezies finden sich im Vatikan, im Weißen (höhö!) Haus oder in der führenden Politikerriege Bayerns. Der gemeine alte weiße Mann ist nämlich nicht nur alt, weiß und cis männlich, sondern überproportional oft auch konservativ und einer Neuerung der Welt gegenüber grundsätzlich kritisch eingestellt. Genau darauf bezieht sich daher auch die Kritik.

Dass sich AWM im Deutschen als feststehender Begriff durchgesetzt hat, ist übrigens interessant, wenn man die – wie so oft – englische Herkunft des Terminus betrachtet. Im Englischen spricht man nicht von alten, sondern von wütenden weißen Männern, von »Angry White Men«. Und auch in dieser Kombination schreibt man ihnen für gewöhnlich zu, überprivilegiert – und für diese Ungerechtigkeit zusätzlich blind zu sein.

Dass Privilegien unser Spielfeld umgestalten und der einen Partei einen Vorsprung verschaffen, der anderen aber Hindernisse in die Bahn stellen, scheint nachvollziehbar. Wo genau nun die Wut und Verletzung derjenigen herrührt, die möglichst viele dieser Vorteile genießen, fällt dabei schon schwerer zu verstehen. Warum sind die AWM so wütend? Warum verletzt es sie so sehr, auf ihre Vorteile hingewiesen zu werden? Der amerikanische Soziologe Michael Kimmel führt die Wut der AWM darauf zurück, dass sich die Welt ändert und zunehmend gerechter wird. Sie hätten sich seiner Meinung nach bereits so an ihre unverdienten Privilegien und die damit einhergehende Vormachtstellung gewöhnt, dass ihnen die Änderungen der

Modernität Angst machen. Angst, die eigenen Vorteile zu verlieren und Privilegien aufgeben zu müssen, um anderen eine bessere Existenz zu ermöglichen. Eine Rennbahn, auf der man den meterweiten Vorsprung gewohnt war, kommt einem schnell ungerecht vor, wenn man sich plötzlich zurück in Richtung der Startlinie versetzt sieht. Eine häufig gehörte Entgegnung auf den Hinweis, privilegiert zu sein, ist auch in meiner Erfahrung: »Aber dafür kann ich doch nichts!« Und das ist richtig. Privilegien, darauf mussten wir uns bereits einigen, sind unverdient – in jeder Hinsicht. Weder hat man sie sich erarbeitet, noch trägt man in irgendeiner Weise die Schuld daran. Deswegen ist dieser Hinweis auch kein Vorwurf. Auch wenn er gerne so verstanden und manchmal vielleicht sogar als solcher verwendet wird.

Fast ebenso häufig fällt die Reaktion trotzig aus: »Muss ich mich jetzt schlecht dafür fühlen, privilegiert zu sein?« Die Antwort ist natürlich: »Nein«. Niemand muss sich schlecht dafür fühlen, mit einem Privileg geboren zu sein. Wie bereits erwähnt können wir ja nichts dafür, mit welchen Merkmalen wir auf die Welt kommen. Wofür wir etwas können, ist, wie ungleich wir Menschen aufgrund dieser Merkmale behandeln und ob wir verstehen, welche ungerechtfertigten Vorteile nur uns selbstverständlich und gerecht erscheinen. Die Soziologin Taylor Phillips stellt in ihren Untersuchungen zum Thema immer wieder fest, dass Privilegien bewusst unsichtbar gemacht werden, um weder die Unschuld der Privilegierten an der Ungerechtigkeit der Welt noch ihren eigenen Verdienst an ihrer sozialen und finanziellen Position infrage zu stellen. Das passiert aus einer Mischung aus erlernter Identität und alltäglichen Handlungen heraus, die sich etablieren, um den Status quo zu erhalten – die kognitive Dissonanz macht es möglich. So wissen auch die Privilegiertesten im Normalfall um die Schieflage der Verteilung auf der Welt, bestärken sich aber selbst täglich durch ihr ebenfalls privilegiertes Umfeld und ständig wiederholte Wahrheiten und Selbstaussagen in ihrem Bewusstsein, selbst unschuldig und eher noch Opfer der Umstände zu sein. Um diese scheinbare Unschuld zu wahren, nutzen die Privilegierten in aggressiver Manier alles, was ihren Status bestätigt. Dazu gehört selbstverständlich auch Mansplaining.[16]

Beim Mitbedenken des Konzepts von Privilegien geht es jedoch darum, ein Bewusstsein für die eigenen Vorteile zu erlangen – auch die, die zur Abwertung anderer beitragen – und die eigene Perspektive in Relation zu setzen. Privilegiert zu sein bedeutet immer auch, bestimmte Erfahrungen nicht gemacht zu haben und aus diesem Grund manches nicht verstehen zu können oder in einem komplett anderen Kontext wahrzunehmen als diejenigen, denen das Privileg fehlt. Das ist in Ordnung. Das Leben ist kein Wettbewerb, und man gewinnt nichts, wenn man alle Erfahrungen gesammelt hat. Außerdem besitzen Menschen oftmals die Gabe der Empathie, die über viele nicht gemachte Erfahrungen hinwegzuhelfen vermag.

Dennoch: Wenn ein Mann auch schon mal von einer Frau auf seinen Körper reduziert wurde, dann war das eventuell unangenehm, vielleicht hat man eine Benachteiligung erlebt. Trotzdem ist es nicht vergleichbar, als weiblich gelesene Person jeden Tag strukturellem Sexismus ausgesetzt zu sein. Um eine strukturelle Diskriminierung handelt es sich dabei nicht – und das ist der gravierende Unterschied. Diese singuläre Erfahrung fällt schlichtweg nicht auf den gleichen Boden aus Traumata, erlernten Mustern und Erfahrungen. Und deshalb ist es auch verständlich, wenn die Meinung dieses Mannes zum Thema Sexismus nicht den gleichen Stellenwert hat wie die von einer Person, die Sexismus täglich erlebt. Wenn man als heterosexueller Mann auf diese eine einzige Party nicht eingeladen ist, nämlich die für Lesben, Schwule, Bisexuelle, trans, queere und inter Personen, dann ist das keine Diskriminierung, schon gar keine strukturelle. Es ist ein Schutzraum für all diejenigen, die auf so vielen anderen Partys nicht willkommen sind. Ein heterosexueller cis Mann hat das Privileg, sich in jedem anderen Raum frei bewegen zu können, für seine sexuelle Orientierung nicht psychischer und physischer Gewalt ausgesetzt zu sein und eben keinen Schutzraum zu benötigen. Deshalb ist sein Nicht-eingeladen-Sein auch kein Ergebnis eines Systems, das ihn strukturell benachteiligt. Wenn man Einschränkungen jedoch nicht gewohnt ist, fallen sie einem offenbar besonders schmerzhaft auf. Und vermutlich fällt es dann auch besonders schwer, sie zu akzeptieren. Ich halte es aber für machbar, das Konzept von Privilegien und Machtgefällen zu verstehen und seine Schlüsse daraus zu ziehen. Und ich halte es für die Verantwortung der Privilegierten, genau das zu tun. In vielen Kontexten ist es ihre Aufgabe und Verantwortung, auf genau diese Privilegien zu verzichten – oder sie für einen Zweck zu nutzen, der nicht der eigenen Vormachtstellung nützt. Es bedeutet in letzter Konsequenz, sich auch mal einzuschränken.

Ein Problem von AWM ist aber die Abwesenheit der Bereitschaft, genau das zu tun: sich einzuschränken. Sie zeigen es in zahlreichen Phänomenen, indem sie im öffentlichen Raum Platz ein- und wegnehmen. Sie wollen überrepräsentativ in Fernsehsendungen, Firmenvorständen und Bundestagsgebäuden vertreten sein und empfinden es als bedrohlich oder doch zumindest bemerkenswert, wenn die Frauen- oder gar die BIPoc-Quote steigt. Sie halten die Stimmen weniger Privilegierter klein und leise, indem sie ihnen vor aller Welt Empfindlichkeit und psychische Labilität vorwerfen, ihnen ins Wort fallen und ihnen immer wieder und mit einer aggressiven Scheinsachlichkeit die Welt erklären, wie sie sie sehen – oder gerne sehen würden. Ein Mann, der einer Frau ihren Job, ihre Emotionen oder ihren Körper erklärt, zeigt dadurch seinen unbedingten Unwillen, eine Expertise anzuerkennen, die seine eigene übersteigen könnte. Prominente Beispiele hierfür gibt es zahlreich. So blamierte sich beispielsweise der Twitter-User Marcus (wir kommen noch darauf zurück, weshalb sein Name in diesem Zusammenhang extrem passend ist) Stead, als er versuchte, menstruierenden Menschen zu erklären, wie günstig Hygieneprodukte seien.

Mit diesem Versuch ist er bei Weitem nicht allein. Ein weiterer über Twitter bekannt gewordener Fall lieferte sogar detaillierte Zahlen mit, verrechnete sich dabei aber an jeder nur möglichen Stelle. Er schlug vor, »mit dem Weinen aufzuhören« und stattdessen ein paar Tassen Kaffee weniger zu trinken. Allerdings enthielt seine Rechnung lediglich neun Perioden pro Jahr, und er kalkulierte mit Tampons, die je nach Zyklus zwischen 12 und 24 Stunden getragen werden müssten. Ein wahrlich glorreiches Beispiel für Mansplaining, das die naturgegebene Expertise der meisten Frauen in dieser Sache schlichtweg ignoriert.

Ein Mann, der so handelt, macht damit so deutlich als irgend möglich, dass er nicht bereit ist, die wortreiche Präsentation seiner Meinung und seines Wissens einzuschränken – egal um welchen Preis. Gehört zu werden ist Teil seines Privilegs, und er wird seine Stimme nicht leiser werden lassen, um den Stimmen der Ungehörten Raum zu geben. Ein alter weißer Mann, der nicht einsieht, dass seine Meinung zum Thema Rassismus gegenüber – sagen wir – jungen Schwarzen Frauen nicht den gleichen Stellenwert hat wie die einer Betroffenen, hat das Prinzip von Privilegien nicht verstanden und sich nicht einmal ansatzweise damit auseinandergesetzt. Die dabei immer wieder quengelnd-trotzig gestellte Frage: »Soll ich mich jetzt schlecht dafür fühlen?«, verschiebt dabei die Rollenverteilung. Aus den Überprivilegierten werden die Opfer, denen man auferlegt hat, sich in Scham und Asche für ihr eigenes Sein zu geißeln, für das sie doch so gar nichts können. Dieser Argumentationskette folgend könnte man rasch »alte weiße Männer« zur marginalisiertesten aller Gruppen erklären. Einer Gruppe, die nicht einmal mitreden darf, ja, der man den Mund verbietet, wenn es um so wichtige gesellschaftliche Themen wie Rassismus oder Sexismus geht. Und das einfach nur, weil sie es selbst nicht erlebt hat!

Die so Diskriminierten scheinen sich jedenfalls selbst in dieser Rolle zu sehen. Man kann artikelweise in den großen Feuilletons nachlesen, welche verheerenden Folgen eine aktivistische »Empörungskultur« hätte und wie die

Autoren darum fürchten, mundtot gemacht zu werden. Paradoxerweise kommen Worte wie »Zensur« oder die Angst, »bald gar nichts mehr sagen zu dürfen«, ausgerechnet von denjenigen, denen in den Leitartikeln der wichtigen Blätter regelmäßig reichlich Platz und Redezeit für ihre Sorgen eingeräumt wird. Ein viel besprochenes Beispiel dafür bot Jens Jessen mit seinem Artikel »Der bedrohte Mann«, der 2018 in der mit »Schäm dich, Mann!« überschriebenen Ausgabe der *ZEIT*-Ausgabe erschienen ist. Über Seiten hinweg ließ er sich darüber aus, dass den durch #MeToo unter Generalverdacht gestellten Männern nichts übrigbliebe als zu schweigen. Lol.

Auch rhetorisch fährt er dabei das ganze Sortiment auf: Ein »Hexenlabyrinth« nennt er die feministische Argumentationsstruktur, durch die alle Männer gleichermaßen »gejagt« werden, das Ganze gliche einem »bolschewistische[n] Schauprozess«, und wer sich kleine, geradezu lächerliche Verfehlungen leiste wie ein »schlüpfriges Kompliment« im »alkoholisierten Zustand« oder einen »läppischen« sexistischen Witz, werde konsequent aus Amt und Ehren gehetzt und seine Kunst zensiert.[17]

Auf eine Welt, in der ein sexistischer Witz tatsächlich in den meisten Fällen zur gesellschaftlichen Ächtung führen würde, kann ich nur mit sehnsuchtsvollem Blick schielen.*

Autoren wie Jessen, von Margarete Stokowski liebevoll »Feuilletonboys« genannt, klagen aber genau diese Welt an. Nicht genug damit, dass Menschen, die die Privilegien-

---

* Und bevor aus diesem Satz eine Schlagzeile wird: Das meine ich nicht ganz ernst.

Checkliste mit voller Punktzahl gewinnen könnten, für ihre Blindheit diesen Vorteilen gegenüber kritisiert werden: Wenn sie sich darüber in Artikeln und Fernsehinterviews auslassen, werden sie auch noch Zielscheibe der reinsten Häme! »Mimimi« wird ihnen vorgeworfen und das Vergießen von »white« wahlweise »male tears«. Und gerade als sie dazu ausholen wollen, erneut zu erklären, wie die Lage eigentlich aussieht, schleudert ihnen nun eine junge, lebensunerfahrene (und ebenfalls weiße!) Feministin entgegen: »Halt die Klappe, Mann!« Und dann gibt sie diesem Mann auch noch einen Namen: »Halt die Klappe, Peter!«

Ganz schön unhöflich, könnte man meinen. Ob dieser Ton uns in der Debatte weiterbringen wird? Und warum denn jetzt ausgerechnet Peter? Nun, ich will keinen Jochen, Georg oder Jens diskriminieren und bin überzeugt, auch für die Dirks und Bernds ist langsam die Zeit gekommen, die Fresse zu halten, der Name Peter wird hier deshalb beispielhaft hervorgehoben, weil es die Peter der Nation sind, die so ganz und gar nicht ihre Klappe halten. Die im Gegenteil überall und immer ein Mikrofon vor ebenjene gehalten bekommen und die es gewohnt sind, dass ihnen zugehört wird. Der Name Peter steht stellvertretend für AWM und ihre Privilegien, die sie für selbstverständlich halten. Fabian Goldmann hat für das BLIQ-Journal alle öffentlich-rechtlichen Talkshows im deutschen Fernsehen im Jahr 2019 analysiert und dabei unter anderem die Vornamen der eingeladenen Gäste gezählt und ausgewertet. Und siehe da: Mit Abstand am häufigsten sprachen in Talkshows Menschen, die Peter hießen. Auf Platz zwei kamen ausgiebig die Markusse Deutschlands zu Wort, Norbert und Michael teilten sich wortreich Platz drei. In 135 Sendungen kamen auf 450 eingeladene Männer nur 278 Frauen. In der Sendung »Hart aber fair« war sogar nur jeder dritte geladene Gast eine Frau. In allen Talkshows zusammen wurden gerade mal 6,6 Prozent der Gäste als nicht-weiß wahrgenommen.[18]

Kein Wunder also, dass sich der Peter von gegenüber oder aus dem Großraumbüro ermächtigt und berechtigt fühlt, auch mir die Welt zu erklären. Hier geht es um Privilegien. Männer – weiße zumal – werden sozialisiert in einer Welt, die ihnen täglich neu versichert: »Ich gehöre dir, du verstehst mich, und was du zu sagen hast, interessiert mich.« Dieses anerzogene Wissen wird zu einer Anspruchshaltung, die zunehmend unpassend erscheint angesichts derselben Welt, die sich nun fortwährend um Fortschritt und Gerechtigkeit bemüht.

Und aus dieser Haltung heraus, die allzu oft von weißen Männern getragen wird, wie sie sonst nur ihre dunkelblauen Maßanzüge tragen – mit einer Selbstverständlichkeit nämlich, die nie hinterfragt wurde –, erklären Männer weiblich gelesenen Personen dann gänzlich ungefragt die Welt. Weil sie das, was eigentlich eine paternalistische Zumutung des Patriarchats ist, vom Hochbett ihrer Privilegien aus mit einem ihnen zustehenden Recht verwechseln. Sie tun es vielleicht gerade und noch häufiger und beharrlicher aus der Angst heraus, den Zugriff und die Oberhand zu verlieren. Tatsächlich geschieht diese Zumutung in den seltensten Fällen aus böser Absicht. Sie rührt aus dem Selbstverständnis, ein Anrecht auf den Diskurs, seinen Ton und alle daran Teilnehmenden zu haben. Denn das ist es, was Männer in unserem System jahrhundertelang schon ihr Privileg nennen dürfen. Die eigene bequeme Rolle dabei zu hinterfragen und auf ebendieses Privileg zu verzichten ist sicher keine leichte Aufgabe. Ob es da hilfreich erscheint, den zarten Annäherungsversuchen an eine neue Weltordnung mit Spott und aggressiver Sprache zu begegnen? Nicht zwingend. Was aber wäre die Alternative? In Jean Teppermans Gedicht wird sie auf lyrische Weise beschrieben: Mit einem Ton, der Blumen aus dem Bauchnabel wachsen lässt, auf dem Schoß des Mannes zu sitzen und mit leiser Stimme um eine kleine Revolution zu bitten.

Das Abarbeiten am harschen Ton der geübten Strukturkritik hat selbst System und kommt wahrscheinlich vor allem Frauen ähnlich bekannt vor wie eine ungefragt männliche Perspektive auf ein Thema ihrer Expertise. Genau genommen ist sogenanntes *Tone policing* sogar ein Instrument, das es Mansplaining so leicht macht, Teil der alltäglichen Kommunikation zu sein. Es sorgt dafür, dass wieder einmal der Fokus verschoben wird, diesmal vom eigentlichen Problem hin zum Ton der vorgetragenen Kritik oder ihren Begrifflichkeiten. Einer Person, die sich über Ungerechtigkeit, ungleiche Behandlung oder strukturelle Diskriminierung aufregt, ihre Emotionen vorzuwerfen ist ein weiterer Versuch und eine zutiefst sexistische Praktik, die Spielregeln der Diskussion um jeden Preis selbst zu bestimmen. Damit wird ausgedrückt: »Ich bin bereit, mir deinen Standpunkt anzuhören und mein Verhalten zu überdenken – aber nur, wenn das Gespräch nach meinen Regeln läuft.« Auch das ist ein Privileg. Es wird besonders da ausgespielt, wo ein*e Gesprächspartner*in tatsächlich nicht das Privileg hat, sich der Diskussion zu entziehen: der – oder viel häufiger die – vom Inhalt des Diskurses Betroffene nämlich. Sobald in einem Gespräch meine Existenz oder mein Wert als Mensch angegriffen wird, verliert die Forderung nach Neutralität automatisch ihren Halt und damit auch den Witz. Eine subjektive Betroffenheit beinhaltet nun mal die Tatsache, dass Emotionen essenzieller, sogar existenzieller Bestandteil der Debatte sind. Wenn Frauen in einer Scheindiskussion, die ihnen erklären möchte, warum sie die Ungleichbehandlung der Gesellschaft verdienen, wütend werden, wird ihnen bestenfalls »schlechte Erziehung« oder »Empfindlichkeit«, schlimmstenfalls gar »Hysterie« vorgeworfen. Gerade Letzteres hat in der Historie des Sexismus Tradition und ist eine nur unwesentlich eloquentere Variante, die Unliebsamkeit einer Gesprächspartnerin darauf zurückzuführen, diese sei »untervögelt«. Hysterische Männer scheint es deutlich seltener zu geben, und schon das Wort verweist auf etwas, das bis heute mit Weiblichkeit assoziiert wird: Es leitet sich vom altgriechischen Wort für Gebärmutter ab und wurde dementsprechend schon früh als Instrument genutzt, Frauen mit einem Übermaß an eigenen Meinungen zum Schweigen zu bringen. Diagnostiziert hysterische Patientinnen wurden noch bis Anfang des 20. Jahrhunderts zwangsverheiratet oder nach ärztlicher Verordnung vergewaltigt. Während das Narrativ der hysterischen Frau, die zu wenig Sex hat, noch aus der Antike stammte, entwickelte sich im 17. und 18. Jahrhundert dazu parallel die Annahme, eine Frau könne das Krankheitsbild auch durch zu viel Sex und eine allgemein falsche Lebensführung mitverantworten.

Im Vorwurf der Hysterie vereint sich also sowohl das Bild der unterfickten Prüden als auch das der Schlampe. Hysterikerinnen in Deutschland konnten einem Schicksal in der Psychiatrie übrigens entkommen, indem sie ihren Ehemännern glaubhaft Gehorsam und Unterwerfung schworen.[19]

Man muss nicht allen Benutzern dieses Vorwurfs unterstellen, die Hintergründe ihrer Wortwahl zu kennen, man darf aber feststellen, dass sie ihrerseits extremen Wert auf eine angemessene Wortwahl legen. Mehr – so scheint es – als auf eine angemessene Behandlung von beispielsweise Frauen. Ein weiterer Fehlschluss dieser viel geübten Ton-Polizei-Praxis ist die darin implizierte Aussage, in einem freundlicheren Ton und einer netteren Wortwahl würden Marginalisierte mit ihrem Anliegen Gehör finden. Als würde uns Frauen die Gleichberechtigung schon lange geschenkt worden sein, wenn wir nur freundlich genug darum gebeten hätten. Der Mann, der sich Worte wie »Fresse« verbittet und bei Pauschalisierungen wie der vom »alten weißen Mann« schon gar nicht mehr zuhören möchte, degradiert die wütende Frau damit zum Hund an der Kette und macht seine Aufmerksamkeit zum Leckerli, das er ihr je nach Gutdünken und gutem Benehmen ihrerseits zuteilwerden lassen kann: »For being such a nice girl.« Ein solches Machtgefälle kann keine Grundlage für ein Gespräch auf Augenhöhe sein. Es ist viel eher das Ergebnis einer gewollten und absoluten Privilegienblindheit.

Ist eine aggressive Sprache nun also notwendig, um die Gleichberechtigung voranzutreiben? Vermutlich nicht. Sie ist aber auch nicht hinderlicher, als ein mädchenhaft keusch gehauchtes »Bitte« es sein könnte, noch ist sie gleichzusetzen mit einer hasserfüllten Sprache. Gerechtfertigte Wut hingegen, die sich unter Umständen auch in einer gewaltsamen Sprache manifestiert, ist ein verständliches Ergebnis jahrelanger struktureller Diskriminierung und kann in ihrer Abweichung vom erwarteten Verhalten des Stereotyps sogar produktiv sein. »Wut ist nicht dasselbe wie Hass«, schreibt auch Margarete Stokowski. »Hass will Zerstörung, Wut will Veränderung. Hass ist destruktiv, Wut ist produktiv.«[20] Eine Sprache, die fordert und wütend ist, die Emotionen nicht als das Gegenteil von Glaubwürdigkeit begreift, darf daher kein Argument dafür sein, die Debatte von vornherein zu scheuen und lieber über den Ton der Kritik als über strukturelle Probleme zu sprechen.

Dass ihre Sprecher*innen reguliert und gemaßregelt werden, dass ihnen ihr Hass vorgeworfen und ihr Irrtum erklärt wird, zeugt davon, als wie gefährlich es wahrgenommen wird, wenn FINTA Personen vom Schoß des Mannes aufstehen. Wenn sie nicht länger bitten oder hauchen, nicht länger zuerst das Abendessen zubereiten und dann nach Revolution fragen, sondern mit lauter und ungewohnter Stimme fordern, was ihnen zusteht. Es ist gefährlich für diejenigen, die nicht nur um ihr Abendessen fürchten müssen. Eine FINTA Person, die sich all die Formen, in denen sie kleingehalten wird, nicht länger gefallen lässt und gegen Mansplaining und Hierarchien anschreit, gefährdet die schiefe Verteilung der Privilegien. Ihr zuzuhören ist deshalb ein Wagnis für die, die in der oberen Waagschale thronen. Aber es kann selbst für sie eine Chance sein.

Darum sei meine durchaus ernstgemeinte Aufforderung auch mit einem sanften Augenzwinkern an die gerichtet, die sich schon aufs Zuhören eingestellt haben, verstanden. Mein »Halt die Klappe!« ist nicht als aggressiver Dialogabbruch gemeint. Es ist ein Interventionsruf, der den Dialog erst eröffnet. Denn solange Peter weiterredet und erklärt, kommen die mit weniger Privilegien nicht zu Wort. Es ist der Versuch, mir laut und damit entgegen weiblicher Sozialisation Gehör zu verschaffen. Ich tue dies im Bewusstsein meiner eigenen Privilegien, aber auch der strukturellen Benachteiligungen, die mich betreffen. Meine Aussage darf daher trotz allem wörtlich genommen werden: Halt die Klappe, Peter! Jetzt rede ich.

Und Markus, Norbert, Michael, Dieter, Andreas und Nino: Ihr seid natürlich mitgemeint.

4. Willi will's wissen und Can checkt's

Was und wer im Fernsehen läuft und warum ich nicht rechnen kann oder: Frag doch mal den Mann!

Jetzt, da wir das Spielfeld in seiner vollen Dimension entdeckt haben und wissen, dass wir da gemeinsam und ohne zu viele Entschuldigungen durchmüssen, können wir uns aber der Frage widmen, woher das eigentlich alles kommt. Wieso ist es wahrscheinlicher, den Fernseher einzuschalten und einen Michael, Peter oder Norbert sprechen zu hören als eine Frau? Wieso gibt es in DAX-Vorständen mehr Thomasse und Michaels als Frauen insgesamt?* Und warum denken all diese Männer so selbstverständlich, dass sie dahin gehören, während Frauengehirne und Frauenhände ein schlechter Altherrenwitz und damit klein und unnütz sind?

Es gibt Plätze, von denen ich mit unerschütterlicher Sicherheit weiß, dass ich dort hingehöre. So kitschig (und im ein oder anderen patriarchal geprägten Ohr vielleicht sogar arrogant) das klingen mag, ich spüre, wann immer ich auf einer Bühne stehe, mit jeder Faser meines Körpers, dass das, die Bühne, ein Ort ist, an den ich gehöre. Leider überträgt sich dieses Gefühl nicht auf alle Bühnensituationen. So sehr ich auch weiß, dass ich etwas zu sagen habe, so sehr ich felsenfest davon überzeugt bin, dass ich dafür

---

* Um fair zu bleiben: Diese Zahl ist natürlich veraltet. 2020 gab es schon wesentlich weniger Thomas und Michael, dafür kam der ein oder andere Stefan dazu ... Insgesamt 69 Vertreter dieser Namen kamen auf 68 Frauen. Noch immer ein absolutes Armutszeugnis! Ach ja, Peter hat es übrigens zumindest in die Top 15 der DAX-Vorstände geschafft. Noch immer 18 Plätze vor dem einzigen Frauennamen, der immerhin dreimal vorkam: Susanne. Auch in anderen Vorstandsunternehmen dominiert Thomas. Auch dort gibt es mehr Christians und Stefans als Frauen insgesamt. (Vgl. Berichte der Allbright Stiftung Oktober 2020 und Juni 2021.)

geschaffen wurde, Kunst zu machen, die Unsicherheit begleitet mich. Mich frisst trotz allem in regelmäßigen Abständen der Selbstzweifel an, ob ich die Chancen, die ich habe, zu Recht habe, ob ich wirklich, wirklich, wirklich auf *diese* Bühne gehöre – schließlich ist die doch ganz schön groß, und ich hab auch gesehen, wer da sonst noch so drauf steht. Meine Talkshow-Erfahrung hält sich in Grenzen, aber ich weiß, dass ich die Selbstverständlichkeit der erwähnten Männer in mir lange suchen könnte – und das, obwohl ich leidenschaftlich gern diskutiere, Recht habe und Anzüge trage, was mich in Kombination eigentlich zu einer besonders dankbaren Talkshow-Gästin machen sollte. In Sophie Passmanns Interview mit Sascha Lobo bekommt diese Diskrepanz zwischen den Geschlechtern ein Gesicht: Jan Fleischhauers Gesicht, um genau zu sein. Passmann erzählt, dass sie die Einladung zu einer Talkshow abgelehnt hatte, weil sie zum Thema wirklich nichts Relevantes beizutragen gewusst hätte. Lobo lacht daraufhin und rät: »Du hast genauso viel zu dem Thema zu sagen, wie Jan Fleischhauer zu den meisten Themen zu sagen hat, und der sitzt auch ständig in jeder Talkshow.«[21]

Ich glaube ja übrigens nicht, dass die Lösung dieses Problems darin besteht, dass sich mehr FINTA Personen öffentlich zu Themengebieten äußern, von denen sie keine Ahnung haben. Vielleicht müssten Jan und Peter einfach ab und zu zugeben, dass es diese Themenfelder sogar für sie gibt. Und dann, ja genau, ab und zu die Klappe halten. Aber wir wissen ja schon, dass das gar nicht so leicht erkennbar für sie ist. Für mich jedoch ist recht leicht erkennbar, an welche Orte ich überall NICHT gehöre. Ein

Chemielabor wäre so ein Ort, ein Hackathon oder ein Mathematikerinnen-Büro (und ich weiß sogar so gut, dass das kein Ort für mich ist, dass ich nicht mal eine Vorstellung davon habe, wo Mathematiker*innen arbeiten. Im Zweifel wird es ja aber so etwas wie Mathematiker*innenbüros geben, oder?). Ich habe in anderem Zusammenhang bereits erwähnt, dass Mathelehrer*innen es schwer mit mir hatten, und angedeutet, dass ich es auch durchaus schwer mit Mathe hatte. Das ist dabei noch eine recht euphemistische Ausdrucksweise. Ich weiß noch, dass ich in der ersten Klasse hochmotiviert rechnen lernen wollte. Meine Familie hatte mich zu diesem Zeitpunkt schon wissen lassen, dass meine erbliche Vorbelastung gegen eine Karriere als Mathegenie sprach (bei genauerer Betrachtung eine seltsame Feststellung in Anbetracht der Tatsache, dass mein Großvater Mathe studiert hatte), und ich war fest entschlossen, dieses Muster zu brechen. Bei dem Versuch wurde dann aber irgendwie ich gebrochen, und spätestens, als es um Brüche ging, war ich raus.* Meine letzte Begegnung mit Mathe war – anders als mein Fünftklasslehrer behauptet hatte, als er uns versprach, die Mathematik würde uns ein Leben lang täglich begleiten – mein schriftliches Abitur,† das ich nach zwei Jahren täglichem Panikanfall, zahllosen Nachhilfestunden und unter dem Einfluss verschiedens-

---

* Ich habe lange mit diesem Satz gehadert, aber man darf die Poetry Slammerin schon auch raushören, finde ich – und wer weiß? Vielleicht hätte Jan Fleischhauer diesen Satz sogar auf Plakate gedruckt, wäre er von ihm.

† In Bayern ist das schriftliche Abitur in Mathematik verpflichtend. Keine Kurskombination der Welt hätte mich sonst zu so einer Entscheidung gebracht.

ter Beruhigungsmittel dennoch weinend schrieb. Fast die ganze Schule bangte mit mir um mein Bestehen. Anders sah es mit Physik aus. Ich war von Anfang an Feuer und Flamme, nahm sogar erfolgreich an *Jugend forscht* teil, und als meine Physiklehrerin in der Lehrkraftkonferenz erfuhr, dass ich in Mathe versetzungsgefährdet war, fiel sie aus allen Wolken. Ab irgendeinem Zeitpunkt saß ich sogar Nachmittage lang in einem Physik-Plus-Kurs, fuhr auf Exkursionen und wünschte mir Bücher von Harald Lesch zu Weihnachten. Und trotzdem sagte und sagt mir alles, dass ein Physiklabor kein Platz ist, an den ich gehöre.

Ob das mit der Tatsache zu tun hat, dass Physik ohne Zahlen ab irgendeinem Zeitpunkt recht schwierig wird, oder mit Harald Lesch,* sei dahingestellt. Ich möchte zumindest den Versuch unternehmen, das Fernsehen dafür mitverantwortlich zu machen. Das dürfte gleich zwei positive Effekte mit sich bringen: In guter Tradition, die neumodischen Medien für alles, was schiefläuft, verantwortlich zu machen, hole ich damit erstens hoffentlich auch die Boomer unter meinen Leser*innen ab – und dann habe ich zweitens auch noch Argumente dafür!

Um diese Argumente auszuführen, möchte ich von meiner Cousine erzählen. Eigentlich von der Tochter meiner Cousine. Diese Tochter ist ein gescheites, witziges Kind mit jeder Menge Ideen im Kopf. »Mama«, fragte sie mit acht Jahren, »warum können Mädchen eigentlich keine Checker sein?« Wie kam sie bloß auf diese absurde Frage?

---

* Natürlich nicht! Lesch ist einer der AWM, dem ich immer noch gerne zuhöre.

Und wieso hatte sie nicht gegendert? Bei der Mutter! Man könnte nun schlechte Einflüsse in der Grundschule vermuten, die Antwort liegt aber im Kinderfernsehen. 2018 hatte der Sender KiKA beschlossen, dass das Team um Checker Tobi und Checker Can erweitert werden sollte. Um Checker Julian nämlich. Dass es sich auch beim dritten Moderator um einen Mann handelt, scheint also eine bewusste Entscheidung gewesen zu sein – oder aber eine so sträflich unreflektierte, dass es fast noch mehr zum Schämen wäre.* Der Sender hatte hier auch nicht auf einen generellen Überschuss an weiblichen Moderationen reagiert, sondern fortgeführt, was im Kinderfernsehen gute alte Tradition ist: Überall da, wo Wissen vermittelt werden soll, übernimmt das ganz selbstverständlich ein Mann. Na klar.

Journalistin Heike Kleen hat den Namen der Maus-Show »Frag doch mal die Maus!« deshalb in einem kritischen Artikel ganz treffend abgewandelt zu »Frag doch mal den Mann!«. Ein Blick in die Realität des Sendeprogramms erklärt recht schnell, warum dieses Wortspiel naheliegt: Informationssendungen werden im TV zu zwei Dritteln von Männern moderiert. Auch im Kinderfernsehen dürfte diese Zahl mindestens genauso verheerend sein. Dass das wirklich ein Problem darstellt, ist mittlerweile auch wissenschaftlich belegt. Aber auch unsere eigenen Beobachtungen werden dieses Bild bestätigen. Wir müssen uns nur

---

* Nachdem KiKA-Chef Michael Stumpf bereits 2017 auf die Studie der MaLisa-Stiftung reagierte und versprach, künftig im Programm auf mehr Genderdiversität zu achten – vor allem übrigens bei Wissensvermittlungssendungen –, kann davon aber ohnehin nicht ausgegangen werden.

einmal ins Gedächtnis rufen, wer uns als Kindern so aus der Mattscheibe entgegen erklärt hat und wer der heutigen Generation wissbegieriger Mediennutzer*innen Wissen und Wissenschaft vermittelt: Armin Maiwald und Christoph Biemann zeigen zum Beispiel in der aktuellen Staffel der Sendung mit der Maus nicht der ersten Generation mit erklärbäriger Stimme die Welt der Naturwissenschaften, Peter (ja, Peter) Lustig zählte mit »Löwenzahn« schon vor über vierzig Jahren zum Ausnahmsweise-Pflicht-TV-Programm in vielen Kinderzimmern, sein Nachfolger Fritz Fuchs unterhält den Nachwuchs heute mit spannenden Wissensfolgen, Willi Weitzel will es zusammen mit den neugierigen Kindern vor den Apparaten nach wie vor wissen, und dann ist da ja auch noch der große Schwarm meiner Jugend: Ralph Caspers. Ach, Ralph, der lustige, nerdige Ralph, perfekte Schwiegersohn-Forscheroptik, der die übergroße schwarzgefasste Brille schon lange, bevor es cool war, trug, wunderbar herumalberte und ganz sicher nicht nur mich glücklich machte, als er nicht mehr nur bei »Wissen macht Ah!« zu sehen war, sondern auch in der Maus-Show auftauchte und zahlreichen Jugendlichen bei »Du bist kein Werwolf« auf unterhaltsam, absichtlich peinliche Weise ihre Pubertät erklärte.

Ob bei »Wissen macht Ah!« oder »Du bist kein Werwolf« – Ralph scheint ideal für Doppelmoderationen zu sein, denn in diesen Sendungen kommt es zur großen Ausnahme jeweils einer weiblichen Co-Moderatorin. Und es sind tatsächlich Co-Moderatorinnen! Keine Assistentinnen oder Gehilfinnen. In einer absolut nicht repräsentativen Feldstudie, die ich eines Nachts höchstselbst an statistisch unbedeutend vielen Folgen mit der Stoppuhr durchgeführt habe, hatte Ralph Caspers wirklich durchgängig ähnlich viel Redeanteil wie die Moderatorin an seiner Seite. Vielleicht ist es dennoch zeichenhaft, dass mein Schwärmen als Jugendliche ihm galt – und sich die dem Format entwachsene Fanbase im Netz auch ähnlich äußert.*

Die Moderatorinnen an Ralphs Seite sind tatsächlich Ausnahmen! Auch großangelegte Studien zeigen, dass nur jede dritte Akteurin in TV-Informationsformaten für Kinder und Jugendliche weiblich ist. Wer aber waren und sind diese Ausnahmen, Moderatorinnen, die im Kinderfernsehen Wissen erklären dürfen? Shary Reeves – mittlerweile ersetzt durch Clarissa Corrêa da Silva – hielt auf recht einsamem Feld die Stellung, ergänzt noch durch Siham El-Maimouni, die seit 2018 ebenfalls mit Ralph (und Armin. Und Christoph. Und Eckart von Hirschhausen. Und Jörg Pilawa... also wirklich als Henne im Korb) »Frag doch mal die Maus!« und ein weiteres Wissensformat moderiert, und die in Athen geborene Christine Henning, die mit – genau – Ralph zusammen »Du bist kein Werwolf« moderiert.†

---

* Auch hierzu gibt es keine nachprüfbare Statistik, ein Blick unter alte Folgen auf YouTube sei aber empfohlen. Ich möchte Sharys durchaus existente Fanbase nicht leugnen, dass sie aber die Rolle der »vernünftigen«, etwas gestrengen Frau spielen muss, während Ralph als Sympathieträger Unsinn macht, schlägt sich auch in den Ralph-obsessiven Kommentaren aller Altersstufen nieder.
† Maus-Moderatorin Malin Büttner soll hier übrigens natürlich nicht wegrationalisiert oder unterschlagen werden, weil sie die These nicht bestätigen würde. Ihre Funktion ist aber eine andere, weil sie nur in einzelnen Einspielern Wissensvermittlung übernimmt und nicht als tatsächlicher Teil der Moderationsspitze mit dem Format verbunden

Heike Kleen trifft auch zu diesem Sachverhalt eine absolut richtige Feststellung: Offenbar wird in dieser seltenen Position einer Moderatorin in Wissensvermittlungsformaten versucht, ein intersektionales Problem im Sendeprogramm zu lösen: Auffällig oft erfüllen die Quotenfrauen auch direkt die imaginäre Quote der auf dem Bildschirm gezeigten Personen mit Migrationshintergrund. Grundsätzlich ist es natürlich begrüßenswert, wenn Kinder nicht nur weiße cis Männer sehen, die Wissenschaft greifbar machen. Eine Untersuchung des Internationalen Zentralinstituts für das Jugend- und Bildungsfernsehen des Bayerischen Rundfunks beobachtete schon 2010 bei der Einführung des Formats »Checker Can«, dass vor allem Kinder mit Migrationshintergrund äußerst positiv auf die Repräsentation durch den Moderator reagierten und die Sendung fast einheitlich als überragend gut einstuften. Man bekommt aber leider rasch das Gefühl, dass hier tatsächlich nur Quoten der Diversität erfüllt werden, die dem Sender Argumente liefern, auch sonst weiter auf das strategische Training kleiner Boysplainer zu setzen.

Dieses Training wird – so die Beobachtung von Kleen – auch durch die Show hindurch konsequent weitergeführt. In der Ausgabe von 2018, über die sie schreibt, wird ein Könner-Junge nach dem nächsten auf die Bühne geholt, während zum Schluss ein Mädchen im funkelnden, hautengen Kostüm Rollschuhe fahren darf. Ganz folgerichtig fragt sie:

---

ist. Trotzdem lohnt es sich, auch diese Einspieler thematisch zu untersuchen und sich beispielsweise zu fragen, ob es Gründe hat, dass Malin Büttner vorzugsweise typischerweise weiblich besetzte Berufsbilder vorstellt. Spoiler: Ich denke schon.

>> Wie wirkt es sich auf das Selbstverständnis von Mädchen aus, wenn alle Fragen eines Wissens-Quiz von Männern gestellt und beantwortet werden, während ihre weiblichen Identifikationsfiguren nur auf die Bühne dürfen, wenn sie sexy Kostüme tragen und tanzen oder singen? Geben wir Mädchen damit das Gefühl, dass ihnen die Welt offensteht? Animieren wir sie, sich für Wissenschaft und Technik zu begeistern? Sind sie anschließend überzeugt, dass sie Professorin, Ingenieurin oder Programmiererin werden können? <<[22]

Dass dieser Eindruck kein falscher ist, bestätigen auch andere Untersuchungen über Medien und den Einfluss, den die dort dargestellten Geschlechterverhältnisse auf Kinder und ihren Selbstwert haben. Lenore Weitzman untersuchte Bücher, die mit der Caldecott Medal, einem der beiden bedeutendsten Kinderbuchpreise der USA, ausgezeichnet worden waren, und stellte ganz genau das fest: Dass Mädchen beim Betrachten der Liste der »besten Bücher« nämlich den Eindruck bekämen, nicht sonderlich wichtig zu sein, da kaum ein Buch von ihnen handelt.[23] Was müssen erst Kinder daraus schließen, die sich nicht auf dem binären Spektrum verordnen? Die von Maria Furtwängler initiierte Studie *Audiovisuelle Diversität? Geschlechterdarstellungen in Film und Fernsehen in Deutschland* der MaLisa-Stiftung kam zu ähnlichen Ergebnissen das Fernsehprogramm betreffend: Nur eine von vier Hauptfiguren konnte in sämtlichen Sendungen von den Zuschauenden als weiblich identifiziert werden.[24]

Übrigens – und auch das ist eine Beobachtung, die sich so eins zu eins auf das Kinderfernsehen übertragen lässt – kommt es nicht nur darauf an, ob weibliche Identifikationsfiguren gezeigt werden, sondern auch, welche Rolle sie spielen. Während ohnehin schon ein Drittel der ausgezeichneten Kinderbücher komplett ohne eine einzige weibliche Figur für sich steht, sucht man auch in den übrigen zwei Dritteln sehr lange nach weiblichen Hauptfiguren. Dazu kommt, dass auch scheinbar geschlechtslose Tier- und Fantasiefiguren in Bilderbüchern von den vorlesenden Eltern als männlich gedeutet werden.[25]

Ob nun die Henne vor dem Ei, das Buch zum Film oder andersrum: Auch im deutschen Kinderfernsehen kommt die Fantasiewelt ganz gut ohne viele Frauen und Mädchen und mit auffallend wenigen nicht konkret binär gezeichneten Wesen aus. Auf eine einzige weiblich gelesene Figur kommen in fiktionalen Sendungen ganze neun männlich identifizierte Tier- oder Fantasiefiguren.[26] Und dabei gibt es noch nicht mal eine Kinderserie namens »Peter Fuchs und der DAX-Vorstand«* – hier wurde in meinen Augen kreatives Potenzial verschwendet.

Natürlich ist es möglich, dass die »Frag doch mal die Maus!«-Show, die Kleen kritisiert und die hier exemplarisch für den Überschuss an Erklär-Herren im Kinderfernsehen steht, eine unglückliche Ausnahme war, was die Maus betrifft. Und tatsächlich muss ich nach weiteren nächtlichen Feldstudien meinerseits sagen: In den neueren Ausgaben überwiegt zwar der Anteil an erklärenden Männern und

---

* Yes, pun intended.

Moderatoren noch immer, außerdem schreckt man bei der Auswahl der Kinderfragen nicht vor extremen Geschlechterstereotypen zurück, bei den Kindern und eingeladenen Stars ist allerdings das Geschlechtsverhältnis mittlerweile deutlich ausgeglichener. Ein hoffnungsbringendes Argument dafür, dass 2018 einfach ein besonders schlechtes Jahr für den WDR war. Allerdings gab es die Maus ja schon vor 2018. Auch die launige »Mockumentary« zum Mausjubiläum von 2016, die auf satirische Weise die Entstehung und Entwicklung der Mann- beziehungsweise Maus-Show zeigen soll, muss hier erwähnt werden. In diesem Format – wohlgemerkt für Kinder und Familien gedacht – sitzt die in die Jahre gekommene Maus frustriert in einem Meeting mit vier Männern und einer Frau, um über neue Anfänge oder gar eine Typveränderung nachzudenken. Die Vorschläge lehnt sie der Reihe nach ab, bis der mit Dandyhut bekleidete Elefant und die miniberockte hysterisch kreischende Volontärin, die eine Szene zuvor schon mal desorientiert kichernd durchs Bild tanzen durfte, den Saal stürmen und zwei leicht bekleidete Showtänzerinnen über den Tisch laufen lassen. Die Kamera schwenkt von schräg unten auf ihre langen Beine und fängt dabei gleichzeitig die sabbernden Blicke der Herren ein. (Die Gesichter der Tänzerinnen sind hierbei natürlich nebensächlich, werden also auch kaum gezeigt.) In der nächsten Szene überzeugt die Maus den Intendanten dann selbst durch Showtanz und – charakteristisch für sie, in diesem Kontext aber doppelt lesbar – Augenklimpern. In dieser Szene wird zumindest ganz klar die Gefahr abgewendet, die Maus könne von zuschauenden Kindern männlich gelesen werden. Mit Mansplaining hat diese sicher lustig gemeinte Episode wenig (wenn auch nicht nichts) zu tun,* mit dem Sexismus, den die Maus-Macher offenbar strukturell und tiefsitzend verinnerlicht haben, aber einiges. Und genau darin liegt auch der Käse, der die Mansplaining-Maus aus dem Häuschen lockt. Auf diesem Nährboden lässt sich wunderbar die Erkenntnis pflanzen, dass Männer und Jungs klug und interessiert sind, Mädchen dafür aber gut tanzen, hysterisch kreischen und Rollschuh fahren können und manchmal immerhin auch eine Wette über den Sportwagen ihres Papas abschließen dürfen.

Die Papas der Nation jedenfalls werden das Ungleichgewicht vermutlich nicht bemerken. Denn auch im restlichen TV-Programm ist das Standard, was so besonders schmerzhaft bei den Kleinsten auffällt. Aber was Peterchen nicht lernt, lernt Peter nimmermehr. Oder passender: Wenn Peterchen schon früh dazu erzogen wird, Experte, Moderator, Wissenschaftler und nerviger Seitenkommentar-Reinquatscher werden zu dürfen, sitzt Peter dann eben auch ganz selbstverständlich in jeder Talkshow des Landes rum und ist dabei mit Freuden und aus dem Wissen heraus, dass die Welt so nun mal ist und laufen muss, Experte, Moderator und Juror über Frauenkörper. Männer stellen im generellen Fernsehprogramm 80 Prozent der Moderator*innen, 79 Prozent der geladenen Expert*innen und, weil wir uns ungern etwas von weiblichen Stimmen sagen lassen,† sind auch 72 Prozent aller

---

* Mit Humor aber leider auch nicht.
† Es sei denn, sie sind unterwürfig servile Dienstleistungsgeräte wie Siri oder Alexa, die – welch ein Segen, Frauen wie ich mögen sich doch bitte etwas abschauen! – nur sprechen, wenn sie gefragt werden, Be-

Informationssendungen mit männlichen Sprechern ausgestattet.²⁷

Der Streit darum, inwieweit Medien tatsächlich Einfluss auf die Entwicklung von Kindern haben, entbrennt regelmäßig und kann bis heute nicht geschlichtet werden. Dass es aber einen Einfluss gibt, das ist nicht zu leugnen. Und Geschlechterdarstellungen in den Medien sind wirkmächtig – dafür gibt es Anzeichen und Beweise genug. Ein spannendes Beispiel hierfür nennt die Monografie *Ausgeblendet. Frauen im deutschen Film und Fernsehen*, die die Ergebnisse der bereits angesprochenen MaLisa-Studie zusammenfasst: In den Neunzigern lief in Deutschland die Serie Akte X, die eine Figur namens Dr. Dana Scully, Medizinerin, Physikerin und FBI-Agentin, zeigte. Nach diesem Charakter wurde der »Scully-Effekt« benannt, der besagt, dass die Popularität dieser fiktiven Frauenfigur erheblich dazu beigetragen hat, dass junge Frauen eine Karriere im naturwissenschaftlichen Bereich anstrebten. In den USA wurden über 2000 Frauen, die in MINT-Berufen arbeiteten, befragt, und zwei Drittel der Befragten gaben wirklich an, dass Scully ein wichtiges Vorbild für sie war. Auch andere Untersuchungen sehen diesen Zusammenhang: Frauen, die regelmäßig Akte X angeschaut haben, arbeiten mit einer 50 Prozent höheren Wahrscheinlichkeit später in einem Beruf aus dem MINT-Bereich als Frauen, die die Serie nicht oder nicht regelmäßig sahen.²⁸

Es lohnt sich also zu hinterfragen, wie die durch Medien

---

fehle ohne Gezicke ausführen, bis 2018 sogar noch jede Beleidigung dankbar hinnahmen und vor allem keinerlei Raum einnehmen wollen.

übermittelten Geschlechterstereotypen Kinder und deren Interessen und Leistungen beeinflussen. In ihrem umfassenden Werk *Die Geschlechterlüge* befasst sich die Neurowissenschaftlerin Cordelia Fine mit solchen Stereotypen und wie sehr sie sogar wissenschaftliche Untersuchungen verfälschen. Sie zeigt zum Beispiel, dass es für die tatsächliche Leistung im Fach Mathematik einen großen Unterschied macht, welche Annahmen die Schüler*innen über sich und ihr mathematisches Können haben. So sehr sich die These durch verschiedene populärwissenschaftliche Veröffentlichungen, tradierte Familienprognosen und Dieter Nuhr im Allgemeinen auch hält, Männer würden grundsätzlich beim IQ und gerade der mathematischen Begabung eine höhere Varianz aufweisen und müssten daher in der Masse am oberen Ende der Skala den Frauen deutlich überlegen sein – sie ist schlichtweg falsch. Im internationalen Vergleich zeigt sich, dass die Variabilität zwischen den erforschten Geschlechtern in jedem Land und sogar innerhalb eines Landes je nach Staat und kultureller Prägung variiert. In einigen Ländern waren in den obersten Prozent der mathematischen Leistungsfähigkeit sogar mehr Mädchen vertreten als Jungen. Für eine bessere Chance auf gute Noten in Mathe hätte ich nach diesen Erkenntnissen also in Thailand oder Großbritannien aufwachsen müssen, vielleicht hätte aber auch eine Zeitmaschine genügt: Bei einer amerikanischen Studie zu mathematisch frühreifen Kindern* veränderte sich das Verhältnis von als hochbegabt eingestuften Jungen zu

---

* What a name!

gleichermaßen genialen Mädchen über die Jahre dramatisch: In den Achtzigern kam auf 13 hochbegabte Jungs ein einziges Mädchen, 2005 kam schon auf jeden 2,8ten männlichen Einstein ein Mädchen, dem man ähnliche Fähigkeiten zuschrieb. Je weiter wir uns gesellschaftlich in Richtung einer gleichberechtigten Gesellschaft entwickeln und gesamtgesellschaftlich das Bestreben haben, Geschlechterstereotype abzulegen, desto höher ist die Chance auf mathematisch hochbegabte Kinder, die keine Jungen sind.[29] Gleichzeitig wissen wir, wie hoch der Einfluss von Repräsentanz in den Medien auf diese Geschlechterstereotype und das Selbstbewusstsein von Kindern ist und dass das Vertrauen in die eigenen Fähigkeiten maßgeblich unsere Leistung mitbestimmt. Was läge also näher, als die niedrige Quote von Wissenschaftsmoderatorinnen, weiblich gelesenen Erklärkindern und neugierigen Entdecker-Cartoon-Mädchen tatsächlich auch auf den geringen Anteil von MINT-Studentinnen jenseits der cis Männlichkeit zu übertragen – und diese Quote zum Teil sogar mit dafür verantwortlich zu machen?

Ein Argument dagegen wäre die Anmerkung, dass Fernsehen heute längst nicht mehr die Rolle spielt, die ich ihm hier zuschreibe. Das Fernsehen schlägt zwar bei Kindern noch immer das Netz – laut der neuesten KIM-Studie sehen Kinder im Durchschnitt 68 Minuten lang fern, während sie das Internet 46 Minuten am Tag nutzen –, die Rolle, die vor allem YouTube beim Medienkonsum Aufwachsender einnimmt, wird aber immer größer. YouTube ist schon jetzt die beliebteste Internetseite bei Sieben- bis Dreizehnjährigen. Direkt danach wird sowohl in dieser Altersgruppe als auch bei Jugendlichen ab 14 die soziale Bildplattform Instagram genannt. Ein besonders beliebtes Genre bei YouTube und Instagram ist die Inszenierung als Influencer*in. Der Begriff sagt eigentlich schon, worum es dabei geht: ums Einflussnehmen. Genau dieser Einfluss ist der Grund, warum auch Influencer*innen mit Matheleistungen, Interessensgebieten und Mansplaining bei Kindern und Jugendlichen zu tun haben.

Als Influencer*innen definieren wir Personen, die regelmäßig und häufig Inhalte zu einem Themengebiet vor einem großen Publikum (ab 1000 Followern kann man theoretisch von Nanoinfluencer*innen sprechen, richtig interessant wird der Einfluss etwa ab 10.000 Followern) auf Social Media veröffentlichen und damit auf soziale Interaktion aus sind, oftmals in Form von Gewinnspielen, Kommentaren und Rabattcodes bei Werbeposts.[30] Nicht außer Acht gelassen werden sollte, dass diese Personen außerdem in der Regel einen echten Beruf und nicht selten sogar eine enorme Einkommensquelle aus ihrer Online-Tätigkeit machen.

Bei einer Medienanalyse des Internationalen Zentralinstitut für das Jugend- und Bildungsfernsehen des BR und der MaLisa-Stiftung konnte festgestellt werden: Weiblich gelesene Influencer*innen sind in der Regel schlank (notfalls auch bearbeitet per App), normschön, geschminkt, haben reine Haut, lange Haare und immer gute Laune. Was damit transportiert wird, klingt nach einem Weiblichkeitsbild wie aus den Anfängen der *Bravo* oder der Haushaltszeitschrift der Sechzigerjahre. Was die Analyse auch zeigt: Jugendliche, speziell weiblich gelesene, lassen sich auch wirklich beeinflussen und nehmen sich die Influencer*innen zum Vorbild.

Wo man jetzt versucht sein mag, einen billigen Witz über dümmlich wirkende Make-up-Expertinnen, lustlos produzierte Songs mit grottenschlechtem Englisch und selbstzentrierte Beautyopfer zu machen, sollte man aber doch kurz innehalten und überprüfen, wie viel von diesem Witz auf internalisierter Frauenfeindlichkeit fußen würde. In den sozialen Medien wird zu Recht angebracht, dass die sehr laute Kritik an weiblich gelesenen Influencer*innen und vor allem ihr Lächerlichmachen auch Ausdruck einer Abwertung alles Weiblichen beziehungsweise weiblich Konnotierten sei. Es stimmt, dass Influencer*innen sich mit Schmink- und Werbevideos einen eigenen Businesszweig erschlossen haben, mit dem sie jenseits von männlich dominierten Berufsfeldern großen Wohlstand generieren, Privat- und Berufsleben in Einklang bringen und Eigenschaften, die vor allem FINTA Personen zugeschrieben und antrainiert werden, zum eigenen Vorteil nutzen können. Diese Tätigkeit, ja den gesamten Berufszweig, regelmäßig als besonders geistlos, albern und unnötig zu diffamieren, zeugt wirklich von Doppelstandards – zumindest, wenn die gleiche Kritik nicht ebenso häufig bei männlich dominierten und nach außen hin wenig intellektuellen Berufen wie Profisportler oder Lebenscoach laut wird.

Trotzdem gibt es Kritik, die Influencer*innen verdientermaßen trifft. Die Beeinflussung Minderjähriger hin zu unrealistischen Körper- und Selbstbildern gehört sicher dazu, genau wie die Manipulation derselben Zielgruppe hin zu fragwürdigen Käufen. Für dieses Kapitel aber viel interessanter: Das Frauenbild der Sechziger transportieren weiblich gelesene Influencer*innen nicht nur über ihr fotogenes Lächeln, ihren bearbeiteten Körper und ihre weibliche Haarpracht – und es ist nicht ihre Schuld allein!*

Analysiert man die erfolgreichsten YouTube-Kanäle und Instapages, fällt auf, dass männlich gelesene Influencer*innen eine deutlich größere Bandbreite an Themen haben. Sie dürfen beziehungsweise können über Politik, Comedy, Sport, Games, Musik und auch Beauty sprechen. Wenn sie sich klar und meinungsstark positionieren, politisch komplexe Sachverhalte vor der Kamera erklären und deutlich machen, dass ihr Kanal professionell betrieben und durchaus auch bezahlt wird, verlieren sie keine Follower. Im Gegenteil: Für Jugendliche wirken gerade diese Eigenschaften besonders attraktiv. Ganz anders sieht es bei den weiblich gelesenen Kolleg*innen aus. Extremsportarten, Streiche im öffentlichen Raum oder starke Meinungen kommen hier nicht gut an, stattdessen zeigt die typische Influencerin ihre Back-, Näh- und Schminkkünste, richtet das Nest für Mann und Kind publikumswirksam ein und bastelt Kerzen und Vasen: »Und alles, was ihr dazu braucht, ist eine handelsübliche Haarnadel, ein bisschen Wolle, vier Liter Backpulver und ein paar Blätter Echtgold!« Link in Bio.

Vor allem YouTuberinnen berichten von überwältigenden Hasskommentaren, sobald sie die an sie gestellten Erwartungen nicht erfüllen und aus Küche, Bad und Kinderzimmer ins 21. Jahrhundert ausbrechen wollen. Es steht

---

* Aber keine Sorge: Wenigstens sind auch Peter und Dieter diesmal nicht schuld.

ihnen auch nicht gut zu Gesicht, darüber zu sprechen, dass ihre Gesichter zum Kapital geworden sind. Während Jugendliche und junge Erwachsene männlich gelesenen YouTuber*innen den Verdienst gönnen und zugestehen können, dass die ständige Inszenierung vor der Kamera, Selfmarketing, Verhandlungen mit Kooperationspartner*innen sowie Schneiden und Bearbeiten von Videos und Bildern Arbeit ist, die selbstverständlich bezahlt wird, sollen die weiblich gelesenen Personen bitte bescheiden mit ihrem Einfluss umgehen. Schließlich sind Make-up, Basteln und Kochen Hobbys, die Frauen doch sowieso gern machen! Wenn weiblich gelesene Influencer*innen über ihre Tätigkeit als Beruf sprechen, kostet sie das Follower und bringt ihnen online noch mehr Hass und Häme ein.

Vielleicht überträgt sich hier die Geringschätzung der Gesellschaft und Politik für typisch weiblich besetzte Berufe auf ein popkulturelles Phänomen: Von FINTA wird in den eigenen vier Wänden sämtliche Care-Arbeit[31] kostenlos erwartet, in Berufen wie der Pflege, als Reinigungskraft oder Erzieher*in werden sie dafür weiter schlecht bezahlt, und wenn sie jetzt dieselben Tätigkeiten in die Öffentlichkeit bringen und dafür auch noch gut bezahlt werden, sollen sie es doch zumindest für sich behalten. Schließlich sind sie nur dümmliche (weil hübsche) Influencer*innen, die überteuerte Produkte ins Handy halten, keine heldenhaften Fußballstars![32] »That's just how it is, wap dap.«

Kein Wunder, dass diese neuen Vorbilder auf YouTube und Instagram nicht unbedingt einen neuen Scully-Effekt hervorrufen und bei Mädchen zu besseren Mathenoten beitragen. Der Bibi-Effekt, um nun doch auch einmal in die

Kerbe zu schlagen, die ja neben aller Frauenfeindlichkeit nicht ganz zu Unrecht existiert, trägt wohl höchstens zu schlechteren Englischnoten bei.[33]

Es gibt allerdings auch Positivbeispiele! In der Corona-Pandemie gelangte die promovierte Chemikerin und Wissenschaftsjournalistin Mai Thi Nguyen-Kim durch kurze Wissenschaftsclips über das Virus, den Impfstoff und die Ansteckung zu großer Beachtung. Mit ihrem für *funk* produzierten YouTube-Kanal *maiLab* erreichte sie so innerhalb von Tagen mehrere Millionen Klicks. Ihre Abonnent*innen kennen und schätzen sie für ihre kurzen, informativen Videos, in denen sie auf sympathische Art und Weise Wissenschaftsphänomene, die unseren Alltag betreffen, erklärt und dabei ein besonderes Augenmerk auf die Quellenkompetenz ihrer Zuschauer*innen legt. So macht sie beispielsweise ihre Recherche zu den Videos nachvollziehbar transparent und liefert niedrigschwellige Angebote, damit ihr Publikum sich selbst informieren kann. Ihr Buch *Die kleinste gemeinsame Wirklichkeit* wurde Anfang 2021 zum Bestseller, sie selbst erhielt den Grimme-Preis und die Auszeichnung als Journalistin des Jahres 2021 – und auch online erfreut sich ihr Angebot großer Beliebtheit, glücklicherweise auch und gerade bei der jüngeren Generation! Und das, obwohl sie sowohl in ihrer Themenwahl als auch in ihrer Präsentation so gar nicht ins Bild der typischen YouTuberin passt. Übrigens gehört auch Nguyen-Kim zu einer der Moderatorinnen an Ralphs Seite, sie moderiert seit 2018 im Wechsel mit ihm die Wissenssendung *Quarks* im WDR. Im Gegensatz zu Shary Reeves, Christine Henning und Clarissa Corrêa da Silva führt sie aber allein durch die

Show und bekommt durch ihre inhaltliche Prägung auch und vor allem außerhalb der Sendung Screentime und Aufmerksamkeit. Vielleicht liegt das Geheimnis der Rekrutierung zukünftiger MINT-FINTA* ja genau in diesem Unterschied: In Mai Thi Nguyen-Kim begegnet jungen FINTA nicht nur eine Frau, die auf dem Bildschirm ausführlich Dinge in einer Moderationsrolle erklärt – und zwar nicht mal von oben herab! –, sondern gleichzeitig eine echte Expertin, die sich der eigenen Kompetenz bewusst ist und Repräsentanz als Forscherin bietet. Die Online-Formate, die von *funk* produziert werden, gehen jedenfalls immer häufiger in eine Richtung, die sich in Inhalt und Darstellung von der*dem typischen Influencer*in unterscheidet und Chancen für genau diese Art von kompetenter Welterklärung bietet. Dass damit ein Shift auf einer Plattform stattfindet, die speziell junge Menschen anspricht, macht Hoffnung auf einen Paradigmenwechsel in der näheren Zukunft.

Natürlich bleibt der Hass, der sich generell schnell gegen Menschen in der Öffentlichkeit, besonders schnell und unbarmherzig aber gegen FINTA Personen und in all seiner Hässlichkeit gegen weiblich und migrantisch gelesene Personen richtet, auch gegenüber *maiLab* nicht stumm, die dann auch noch die Dreistigkeit besitzt, sich zu Themen zu äußern, die in den Frauenzeitschriften der Sechzigerjahre nichts verloren hätten. Tatsächlich gab Nguyen-Kim

---

* Was für ein schönes Wort. Falls sich eine Stiftung dafür gründet, wäre ich zwar aus genannten Gründen gänzlich ungeeignet, daran mitzuwirken, würde mich aber freuen, diesen Namen vergeben zu dürfen.

an, nicht mehr ohne Security das Haus verlassen zu können. In einem ZEIT-Interview bringt sie auf den Punkt, was ihrer Meinung nach der Hauptgrund für die Drohungen gegen ihre Person ist: »Mein Eindruck: Von einer Frau wollen sich manche Männer nichts erklären lassen. Schon gar keine Naturwissenschaften.«[34]

Wir wissen mittlerweile, dass sie mit dieser Vermutung Recht hat, und auch, warum das so ist. Dass sie und ihr Team dennoch weiter Wissensvermittlung auf YouTube stattfinden lassen, ist ein Verdienst, das hoffentlich eines Tages mit dem *maiLab*-Effekt belohnt wird. Für mich und meine Mathekenntnisse mag es dann bereits zu spät sein, aber vielleicht geben die 16-jährigen FINTA von heute ja in zehn Jahren in der Mehrheit an, zu ihren MINT-Berufen durch *maiLab* inspiriert worden zu sein. Und vielleicht ändert sich ja dann in weiteren zehn Jahren sogar etwas im Kinderfernsehen, und wir dürfen irgendwann doch noch Zeug*innen diverser Checkerinnen werden.

5. Erklär mir how to care oder »Who cares!?«
Warum Mutti alles falsch und »das bisschen Haushalt« sich tatsächlich von allein macht

Über die Frage, ob die Männer in meinem Freund*innenkreis mir den Titel dieses Buchs übel nehmen könnten, liege ich seit Monaten nächtelang wach. Überhaupt liege ich recht oft wach, mein Schlafrhythmus ist in etwa so unregelmäßig wie die Rechtschreibung des Wortes Rhythmus in einer beliebigen sechsten Klasse. Manchmal ist es die Erinnerung an einen meiner weniger ruhmhaften Momente, die mich wachhält, manchmal die Sorge um die Gefühle eines Mannes und generell sehr oft die Sorge um andere. Ob ich diese anderen besonders gut kenne, spielt dabei kaum eine Rolle. Ich sorge mich um den Pförtner, der gestern so traurig aussah, um die Kommilitonin im ersten Semester, die so unzufrieden mit ihrem Studium ist, und um die zweite Frau eines entfernten Bekannten, die sich den kleinen Zeh verstaucht hat und nun auf ihre Diagnose wartet. Wenn eine Gruppe, deren Teil ich bin, sich organisieren muss, stehe früher oder später ich mit einem Klemmbrett da und lege Reihenfolge und Aufgabenverteilung fest. Wenn ein Dankeschön für Dozierende, Organisator*innen oder Gruppenleiter*innen aller Art hermuss, finde ich erstaunlich oft mich selbst im Blumenladen wieder. Und wenn irgendwo in meiner Nähe ein Kind verloren geht, halte ich es mit hoher Wahrscheinlichkeit eine halbe Stunde später an der Hand und sage festen Mutes und völlig gegen meine gendersensible Überzeugung: »Keine Sorge, wir finden die Mama schon!«*

---

* Nicht falsch verstehen: Natürlich bin ich überzeugt davon, gemeinsam mit dem Kind ein Elternteil wiederfinden zu können – die meisten Eltern verlieren ihre Kinder unbeabsichtigt –, ich bin nur kein Fan

Überhaupt: Kinder! Ich habe keine eigenen – noch nicht.* Und trotzdem sind Kinder ein großes Thema in meinem Leben. Sicherlich zum einen, weil ich zunächst Lehramt studiert, zahlreiche Praktika in Klassenzimmern absolviert und ein Faible für Schulworkshops habe, zum anderen vermutlich, weil ich mit überdurchschnittlich vielen kleinen Geschwistern aufgewachsen bin. Ein bisschen aber bestimmt auch, weil ich eine Frau bin und als solche sozialisiert wurde und noch immer verstanden werde. Weiblich gelesene Personen haben Kinder nämlich zu lieben. Weiblich gelesene Personen haben Mutterinstinkte zu haben. Weiblich gelesene Personen haben Verantwortung zu übernehmen. Weiblich gelesene Personen wissen einfach, wie das geht, mit Menschen im Allgemeinen und speziell natürlich mit den Kleinen. Und zwar scheinbar auch dann schon, wenn diese Personen selbst noch klein sind. In einer Studie wurden werdende Eltern befragt, welches (binäre) Geschlecht sie sich für ihr Kind wünschen würden. Die Antworten machten ziemlich klar, wie viel für die Gruppe der Eltern vom Geschlecht abhing. Ein Junge wurde sich zum Beispiel vor allem von Vätern gewünscht, weil man mit Jungs gemeinsam Sport treiben könnte. Cor-

---

    davon, die Verantwortung direkt auf eine imaginäre Mutter abzuschieben, von deren Existenz ich nicht mal weiß.

* Nicht dass das jemanden, geschweige denn irgendeinen cis Mann, der nicht potenziell der Vater derselben werden könnte, etwas anginge. Die Konversationen, die ich zu diesem Thema in meinem 27-jährigen Leben geführt habe, lassen etwas anderes vermuten. Es ist aber trotzdem eine einfache Wahrheit, dass mein Uterus und meine Familienplanung niemanden etwas angeht. Ich glaube, wir würden alle ein bisschen besser leben, wenn diese Wahrheit Konsens wäre.

delia Fine macht dazu die lustige Bemerkung, dass ein Alien beim Lesen der Protokolle schnell den Eindruck gewinnen könnte, Menschenmädchen kämen generell ohne Gliedmaßen oder die Fähigkeit zur Bewegung zur Welt. Interessant ist aber auch, was die Interviewten sich von den noch nicht mal geborenen Mädchen erwarteten: eine besondere emotionale Bindung, Verantwortungsgefühl sowie die generelle Fähigkeit zu Nähe und zum Beispiel dazu, sich an Geburtstage zu erinnern. »Schon vor ihrer Empfängnis waren die Söhne also von der Verpflichtung befreit, zurückzurufen oder an den Geburtstagsstrauß zu denken«, schreibt Fine und macht damit klar, wie ungleich die Erziehung zur Verantwortung für andere schon im frühsten Stadium unserer Existenz stattfindet.[35]

Es ist die Erziehung zu Caretaker*innen, Gefühls- und Fürsorgearbeiter*innen, die noch vor dem ersten Tag unseres Seins beginnt und mit der so viele Ungerechtigkeiten bei der Aufteilung von Arbeit und Verantwortung einhergeht. Es ist eine Erziehung, die so tiefgreifend ist, dass sie kaum bemerkt wird und irgendwann nur noch schwer von der Veranlagung eines weiblich gelesenen Menschen getrennt werden kann, weil sie so sehr Charakter und Verhaltensweisen prägt. Na toll.

Dazu folgender »Witz«: Was haben glückliche Kinder und eine saubere Wohnung gemeinsam? Grundsätzlich nicht viel – und ich wette, das ein oder andere Elternteil konnte schon über die Frage herzlich lachen. Die ernste Antwort lautet: Für beides werden ganz automatisch FINTA verantwortlich gemacht. Die Autorin Antonia Baum resümiert nach der Geburt ihres Kinds über die klischeebelastete Aufteilung zwischen dem Vater des Kindes und ihr: Sie fühlte sich für Sauberkeit und Ordnung zuständig, für die Erstuntersuchungen für das Baby und eigentlich auch für die Rund-um-die-Uhr-Betreuung des Kindes, er fuhr Auto und reparierte Dinge im Haus. Auf den Rat ihrer Therapeutin, jeder der beiden würde eben geben, was er oder sie könne, antwortete sie treffsicher: »Männer müssen ja auch nicht das Gleiche können wie Frauen, die bekommen das einfach nicht beigebracht.«[36]

Das Sich-verantwortlich-Fühlen habe auch ich beigebracht bekommen. Meine eigenen Erfahrungen beschränken sich dabei zwar bisher auf mein Aufwachsen als älteste Schwester in meiner speziellen Geschwisterkonstellation. Das ist zwar nicht mit der gesellschaftlichen Stigmatisierung und dem Politikum »Mutterschaft« als weiblich gelesenes Elternteil vergleichbar, zeigt aber trotzdem sehr gut, wie früh diese Strukturen ansetzen. Tatsächlich werden ältere Schwestern sehr viel häufiger als Betreuungspersonen für jüngere Geschwister eingesetzt als Brüder. Ihr prosoziales und rollenkonformes Verhalten wird besonders gefördert und gefordert. Die Rolle, die erstgeborenen Mädchen innerhalb von Geschwisterkonstellationen zukommt, prägt sie nicht selten ihr Leben lang.[37]

In interkulturellen Studien zeigte sich auch, dass ältere Schwestern besonders wichtig für jüngere Geschwister sind und in Aufzählungen signifikant wichtiger Bezugspersonen sogar häufiger als die Elternteile genannt werden.[38]

Mich hat das Erlernen von Verantwortung für Kinder bis heute enorm geprägt. Ich kann daher auch völlig ohne Übertreibung sagen, dass ich die Stunden nicht zählen kann, die ich bereits unbezahlt auf Kinder aufgepasst habe. Und das liegt nicht an meiner bis hierhin zur Genüge erwähnten mathematischen Unfähigkeit, sondern an der Zahl selbst. Genauso wenig wie ich zählen kann, wie oft ich schon Honigmelone gegessen habe, lassen sich die vielen Stunden errechnen, die ich fremde Kinderwägen geschoben, Kindergeburtstagsgesellschaften bespaßt, Schulkindern bei den Hausaufgaben geholfen und Babys in den Schlaf gewiegt habe. Damit hier kein falscher Eindruck entsteht und kein Weltbild allzu sehr erschüttert: Ich liebe Kinder tatsächlich – und in den meisten Fällen beruht diese Liebe auf Gegenseitigkeit. Ich kann das wirklich gut, das mit den Kleinen, ich hab das ja immerhin auch eine Weile studiert, und ich tu es gerne.

Nur wären all das ja doch eigentlich perfekte Kriterien, um sich dafür bezahlen zu lassen. Nicht dass ich dafür bisher noch überhaupt nie bezahlt worden wäre, und nicht dass mir nicht schon von Zeit zu Zeit Geld angeboten worden wäre, das ich dann vehement abgelehnt habe. Noch viel häufiger dienten die oben genannten Kriterien aber zur Argumentation oder Grundannahme, das sei entweder alles keine echte Arbeit oder eine, für die ich sicherlich nicht bezahlt werden müsste. Die Annahme, eine Tätigkeit, die man gut und gerne tut, sei allein deswegen nichts wert, ist ohnehin kapitalistisches Gift und ärgert mich auch in meinem Beruf als Künstlerin oft genug – die Annahme, Care-Arbeit sei eben erstens keine »richtige« Arbeit und zweitens Aufgabe von Frauen, hat allerdings noch weitreichendere Folgen, die – Überraschung – vor allem weiblich gelesenen Menschen das Leben schwer machen.

Meine eigene Geschwisterkonstellation ist ein gutes Beispiel für dieses Muster. Mein größter kleiner Bruder ist fünf Jahre jünger als ich, zwischen meiner ältesten kleinen Schwester und mir liegen 12 Jahre. Als mein kleinerer Bruder kam, war ich 14. Während ich aber mit 12 (bereitwillig und begeistert, aber auch aus Pflicht- und Verantwortungsgefühl heraus) meine Schwester wickelte, ins Bett brachte, fütterte, spazieren schob und Nachmittage lang auf sie aufpasste, mit 14 selbstverständlich wusste, wie man einen Kinderwagen auf- und abbaut, welche Lieder welches Kind in den Schlaf wiegen würden, wie man Gläschen aufwärmt, welche Temperatur Milchflaschen haben dürfen, welches Obst gerade hoch im Kurs stand und welches ausgespuckt werden würde, wann die Kleine vom Kindergarten abgeholt werden musste und wann der Kleine aus der Kita, wie die beste Freundin hieß, wie man die Haarsträhnen einer Dreijährigen in etwas kämmt, das an einen Ballett-Dutt erinnert, wann Yakari im KiKA lief und wann das Sandmännchen (später natürlich auch Checker Can und Wissen macht Ah!), wie alle sechs Strophen von Anne Kaffeekanne vorwärts und rückwärts gesungen werden,* wie zwischen zwanzig lärmenden Kleinkindern der Schrei meiner Schwester klang, welche Trageposition mein Brüderchen bei Bauchweh be-

---

* An alle Eltern, großen Geschwister und Caretaker*innen, denen »Anne Kaffeekanne« nichts sagt: Herzlichen Glückwunsch! Wenige Kinderlieder sind besonders ansprechend, wenn sie in Dauerschleife laufen müssen, aber nur wenige haben dafür auch tatsächlich sechs Strophen.

vorzugte, sogar, was ein Milchstau ist und wie man so etwas wegmassiert,* in welcher Schublade die frischen Söckchen aufbewahrt wurden, mit welchem Gerät und wie man die Rotznase eines Babys aussaugt sowie eine Reihe anderer Kleinigkeiten, die insgesamt eine eigene Wissenschaft darstellen, – während ich also all das ganz selbstverständlich tat und wusste, kam niemand auf die Idee, von meinem Bruder, als er 12 Jahre alt war, auch nur annähernd das Gleiche zu erwarten. Dass er auch nur darum gebeten wurde, mal einen Abend auf seine schlafenden Geschwister aufzupassen, war schon eine Seltenheit, die voraussetzte, dass ich partout keine Zeit haben musste. Ich erinnere mich, dass es ein paar Gelegenheiten gab, zu denen er diese Rolle doch übernahm – und an die Gehaltsverhandlungen, die er zu diesen seltenen Anlässen führte.

Die Geschichte hat übrigens eine Pointe. Die nämlich, dass mein Bruder mittlerweile Erzieher geworden ist, und zwar ein ganz fantastischer. Der Verdacht liegt nahe, dass auch er mit 13, 14 und 15 die Veranlagung oder das »Talent« gehabt hätte, Verantwortung für seine kleinen Geschwister zu übernehmen, Windeln zu wechseln und Geburtstagsfeiern zu planen. Es hat ihm nur niemand zugetraut, geschweige denn ihn dazu angehalten oder gar von ihm gefordert. Das lag, möchte ich meinen, aber nicht daran, dass meine Eltern so besonders sexistisch gewesen seien, mit Sexismus und Geschlechterstereotypen hat es aber trotzdem auch zu tun.

---

* Diese Erfahrung aus zweiter Hand, oder sagen wir: schon aus erster Hand – aber eben an zweiter Brust.

Weltweit arbeiten Mädchen im Haushalt im Schnitt 50 Prozent mehr mit als gleichaltrige Jungen, das sind 120 Millionen Stunden pro Tag. Je älter Kinder werden, desto größer wird auch der Unterschied zwischen den erfassten Geschlechtern.[39] Übrigens ist das keine Zahl, die weit weg von der Lebensrealität in europäischen Familien wäre: Auch in Deutschland arbeiten junge Frauen noch immer deutlich mehr im Haushalt als ihre Brüder, wenn auch der Unterschied schon geringer ist als noch vor zehn Jahren.[40] Während der Corona-Pandemie wurde die Lücke zwischen den binären Geschlechtern allerdings noch einmal größer. Das lag zu einem großen Teil auch daran, dass Geschwister durch die belastende Situation vieler Eltern, während Schulen und Betreuungseinrichtungen geschlossen waren, stärker in der Betreuung jüngerer Geschwister eingespannt waren.[41]

Das wiederum korreliert mit der Tatsache, dass von älteren Schwestern deutlich mehr Fürsorge erwartet wird und sie vor allem in Konstellationen mit vielen Geschwistern eine »mütterlich-traditionelle« Rolle einnehmen (müssen).[42]

Genau hier setzt auch schon eines der Probleme von Care-Arbeit an. Nicht umsonst habe ich oben so ausführlich über die Kleinigkeiten geschrieben, die ich als Jugendliche zusätzlich zu Schule, Freizeit und Freund*innen so im Kopf hatte. Neben Wissen, Zeit und Fähigkeiten, die es braucht, verantwortungsvoll auf Kinder aufzupassen, reihen sich noch eine Menge anderer Sorgen und Gedanken in diese Liste, die sich nicht so leicht in Stunden messen lassen und dadurch leicht unsichtbar werden. Die Last der sogenannten *Emotional Labour,* zu Deutsch auch mit *Emotionsarbeit* übersetzt, geht mit der Care-Arbeit Hand in Hand und wird von genau denen getragen, die auch den Großteil der Care-Arbeit erledigen. Mareice Kaiser fasst diesen Katalog an ständig im Hintergrund ratternden Rahmenbedingungen und Anhaltspunkten, an die gedacht werden muss, die organisiert, delegiert und erledigt werden müssen, auf wunderbar poetische Weise an zwei Stellen ihres Buchs über moderne Mutterschaft in einem Stream of Consciousness zusammen:

> »Ich schreibe eine Mail an den Lehrer. Ich schreibe eine Mail an den Vater. Ich schreibe eine Mail an die Freundin, die das Kind morgen von der Schule mitnimmt. Ich rufe im Hort an und sage: Morgen geht das Kind mit der Freundin mit. Ja, den Zettel packe ich in den Rucksack.«[43]
> Und:
> »Ich räume die Spülmaschine ein und die Waschmaschine aus. Ich sollte meine Eltern mal wieder anrufen. Ich mache mir Sorgen, ich mache mir ein Brot.«[44]

Wer denkt nämlich daran, dass diese Mails geschrieben und diese Telefonate getätigt werden müssen? Wer denkt an bevorstehende Geburtstage? Wer plant mit dem Kind gemeinsam, wer eingeladen wird? Nimmt sich des Dramas an, das daraus entstehen kann? Wer überlegt sich Geschenke? Wer übernimmt zusätzliche Nachtschichten, wenn ein Kind krank wird? Wer sorgt sich um Geschwisterstreitigkeiten? Wer führt schwierige Gespräche? Wer hört sich Kummer und Sorgen an, trägt sie mit sich herum und denkt über Lösungen nach? Wer vereinbart Spielverabredungen, informiert sich über Kindergarten- und Schulfeste, organisiert Beiträge zum Büfett,*, regt Gedichtvorträge und Sammelgeschenke an? Wer hat die Übersicht über Projektarbeiten, Hausaufgaben, Kopiergelder, Abgabefristen und Theateraufführungen? Wer organisiert den*die Babysitter*in? Wer kennt die Notfallkontakte, den Namen der behandelnden Ärztin, die Blutgruppe, das Lieblingskuscheltier? Man kann diese Fragen ins Unendliche weiter stellen – und wird in sehr vielen traditionellen hetero Familienkonstellationen mit zwei Elternteilen immer und immer wieder dieselbe Antwort bekommen: die Mama. Und wenn statt Mama oder Papa eben die große Schwester regelmäßig die Verantwortung übernimmt, übernimmt sie auch zunehmend Teile dieses Arbeitsbereichs – und das wie selbstverständlich ohne Entlohnung oder besondere Anerkennung, schließlich ist diese Arbeit größtenteils unsichtbar und wirkt auf den ersten Blick wie eine freiwillige Last. Man müsste sich ja nicht so viele Gedanken machen! Dass es leider nicht ganz so einfach ist, zeigt die gesamte bisherige Forschung zu Emotional Labour und Care-Arbeit.

Woher kommt das aber? Warum glauben wir, dass weiblich gelesene Personen all diese Aufgaben in ihrer DNA

---

* Auch hier geht es nicht so sehr darum, wer diese Beiträge dann auch besorgt oder zubereitet, sondern um die emotionale Last, daran zu denken und gegebenenfalls zu delegieren.

haben und nichts natürlicher sein könnte als eine sich aufopfernde Mutter? Die Eigenschaften, die jungen weiblich gelesenen Menschen antrainiert werden, damit sie mal eine »gute« Mutter und Hausfrau werden, gehen – Überraschung! – auf die unnötigen und unqualifizierten Äußerungen eines Mannes zurück. Den Mythos der instinktiven Mutterliebe hat der Philosoph Jean-Jacques Rousseau erfunden. Ausgerechnet ein Mann, der seine eigenen Kinder noch als Säuglinge weggab, weil er so gar keine Verwendung für sie hatte. Er fühlte sich dennoch bemüßigt, mit *Émile oder Über die Erziehung* 1762 einen Erziehungsroman zu verfassen, der sich – natürlich – an Mütter richtete: »An dich wende ich mich, zärtliche und vorsorgliche Mutter«, schreibt er darin gleich zu Beginn. Denn: «Die erste Erziehung ist am wichtigsten, und diese erste Erziehung gebührt unstreitig den Frauen. Wenn der Schöpfer der Natur gewollt hätte, daß sie den Männern zukäme, würde er ihnen Milch zur Ernährung der Kinder gegeben haben.«[45] Im Zuge des Romans führt er dann noch genauer aus, wie die familiäre Rollenverteilung zu sein hat. Ein wahrhaft klassisches Beispiel für Mansplaining, das unsere Vorstellung von Mutterschaft bis heute geprägt hat! Durch die gesamte Geschichte seit der Aufklärung hindurch zieht sich der Mythos, es müsse die Erfüllung der Frau sein, ein Kind zu gebären, zu stillen und aufzuziehen. Dafür gibt es nach *Émile* noch einige Beispiele. Der romantische Dichter Adelbert von Chamisso hat diese naturbedingte Glückseligkeit beispielsweise in ausführliche Worte gepackt, die ein anderer berühmter Mann – der Komponist Robert Schumann – vertont und damit der breiten Öffentlichkeit zugänglich gemacht hat. Im Zyklus *Frauenliebe und -leben* imaginiert der Autor das Leben und Lieben einer typischen Frau. Wie dankbar für ihren Mann sie vermutlich ist und wie wundervoll es doch für sie sein muss, Mutter zu werden:

> »Nur die da säugt, nur die da liebt
> Das Kind, dem sie die Nahrung gibt;
> Nur eine Mutter weiß allein,
> Was lieben heißt und glücklich sein.
> O wie bedaur' ich doch den Mann,
> Der Mutterglück nicht fühlen kann!«[46]

Dieses Beispiel ist bis heute präsent. Auf allen Bühnen des Landes singen junge Soprane und Mezzosoprane, wie es sich so anfühlt als Frau – oder besser, wie ein Mann sich das so vorgestellt hat. Einen passenderen Soundtrack könnte es jedoch auch zu den heutigen Verhältnissen fast nicht geben: Der Mythos von der Mutterliebe, die allein glücklich macht, regiert noch immer unser Denken. Er macht es all denen schwer, die zumindest manchmal daran zweifeln, ob das zahnende Kind, das sich gerade in ihre Brust verbissen hat, wirklich ihre alleinige Seligkeit darstellt – und ist der ursprüngliche Grund für Momshaming und ein Ideal, das eine reale Mutter kaum erreichen kann: Wenn sie mehr will vom Leben, macht sie es falsch. Sagt immerhin auch einer der wichtigsten Philosophen der Aufklärung – und zahlreiche Schriftsteller nach ihm.

Wir haben dieses Bild behalten und es ganz einfach in einen kapitalistischen Rahmen gesetzt, ohne zu merken, dass das nicht zusammenpasst. Wenn sie nämlich nicht mehr will vom Leben, als zu Hause bei ihren Kindern zu sein, macht sie es natürlich auch falsch. Wer im Kapitalismus »nur« Hausfrau und Mutter ist, arbeitet ja nicht bezahlt und ist damit wertlos. Um in diesem Spagat überhaupt irgendetwas richtig zu machen, muss man sehr harte Maßstäbe an sich selbst anlegen. Selbst dann ist die Gefahr, nicht allen Ansprüchen gerecht zu werden, aber noch immer hoch. Dabei geht es längst nicht nur um die Themen, die gemeinsame Kinder betreffen. Auch in der Hausarbeit herrscht bei heterosexuellen Paaren, in Familien und sogar unter Mitbewohner*innen ein großes Ungleichgewicht.

1949 beschrieb Simone de Beauvoir in *Das andere Geschlecht*, einem feministischen Standardwerk, das Dilemma arbeitender Ehefrauen: Sie wurden durch die Arbeit außerhalb des Hauses nur zusätzlich belastet, die Hausarbeit blieb weiter zu großen Teilen an ihnen hängen.[47]

Das *Deutsche Institut für Wirtschaftsforschung* stützt die These von de Beauvoir auch 2019 noch mit einer Untersuchung: Zwar ist die Gesamtstundenanzahl an verrichteter Arbeit bei Frauen und Männern in Heterobeziehungen etwa gleich, aber die Bezahlung für die unterschiedlichen Arten von Arbeit fällt noch immer sehr unterschiedlich aus. Frauen verbringen laut dieser Studie unter der Woche fünf Stunden und 26 Minuten mit Erwerbsarbeit, Männer acht Stunden und 38 Minuten, diese Arbeit ist diejenige, die bezahlt wird. Was die unbezahlte Arbeit betrifft, sind Männer »fauler«: An einem Wochentag kümmern sie sich im Durchschnitt 50 Minuten um gemeinsame Kinder, Frauen hingegen zwei Stunden. Auch das bisschen Einkauf und das bisschen Verwalten (Mails schreiben, anrufen, organisieren, delegieren) machen Frauen etwas mehr als eine Stunde am Tag, Männer nur 40 Minuten. Kinder in heterosexuellen Paarhaushalten verschärfen diese Zahlen noch: Es steigt nicht nur der zeitliche Aufwand, der für Hausarbeit aufgebracht werden muss, auch der sogenannte *Gender Care Gap* wird größer. In Paarkonstellationen ohne Kinder verbringen Frauen doppelt so viel Zeit mit Kochen, Putzen und Wäschewaschen wie ihre männlichen Partner. Bei Paaren mit mindestens einem Kind unter sechs Jahren ist es dreimal so viel.[48] Während der Corona-Krise erhöhte sich durch die geschlossenen Schulen und Kindertagesstätten diese Zahl noch einmal. Ja, Hans-Dieter, bei Männern UND Frauen! Aber bei Männern um dreieinhalb Stunden, bei Frauen um vier volle Stunden. An den ohnehin ungleichen Verteilungen änderte sich auch während der Pandemie nichts, es wurde einfach noch mehr unbezahlte Arbeit, die Frauen, vor allem Mütter, leisteten.[49]

Übrigens ist die Care-Arbeit unter gleichgeschlechtlichen Paaren zwar deutlich fairer verteilt, auch hier hinterlassen aber spätestens mit einem gemeinsamen Kind die genderkonformen Rollen unserer Gesellschaft ihre Spuren: Sogar in homosexuellen Paarbeziehungen urteilten sowohl Heterosexuelle als auch Befragte aus dem LGBTQI-Bereich, dass der*die Partner*in, der*die stereotyp weiblichen Hobbys nachgeht, entscheidend mehr Zeit mit Kind und Haushalt verbringen sollte – unabhängig davon, wie viel diese Person in der Lohnarbeit verdient.[50]

Zu den Ergebnissen der *DIW*-Studie gibt es einige Artikel und Radiobeiträge. Und natürlich gibt es in den Kommentarspalten unter diesen Beiträgen einige Männer, die uns in guter Tradition erklären, woran das liegt.

Unter einem Beitrag des MDRs kommentieren zum Beispiel verschiedene Martins, ein Sven und ein Dirk die einzig logische Schlussfolgerung: Wenn Männer so viel weniger Zeit im Haushalt arbeiten, sind sie vermutlich einfach effizienter. Auf die Idee, dass sie tatsächlich *weniger* arbeiten, kommen sie scheinbar nicht. Dafür aber auf einen besonders einfallsreichen sexistischen Witz: »Na, weil Frauen dabei telefonieren.« Ja, klar. So wird es sein.*

Eine andere Kategorie von Kommentaren widmet sich dem Beweis des hier immer wieder zitierten Schlagers »Das bisschen Haushalt macht sich von allein, sagt mein Mann« von Johanna von Koczian, in dem immer und immer wieder betont wird, dass diese selbstverständlichen Tätigkeiten ja wohl schwerlich Arbeit seien: »Wo ist der Stolz [sic!] Mutter zu sein, Spass [sic!] mit den Kindern haben, leckeres Essen kochen und Lust einfach die Wohnung schön und gemütlich zu halten[?]«, fragt ein Nutzer unter einem *ZEIT-Artikel*. Und ich möchte zurückfragen: Wo ist denn der Zusammenhang? Darf nur bezahlt werden, was keinen Spaß macht? Und soll das eigentlich ein Vorwurf sein? Sehen wir hier wieder, als wie defizitär weiblich gelesene Menschen wahrgenommen werden, wenn sie in ihren häuslichen und mütterlichen Pflichten nicht vollkommen aufgehen? De Beauvoir hat genau dieser Forde-

---

* Nämlich wahrscheinlich mit der Lehrerin deines Sohns, Martin! Weil du vergessen hast, zum Elternsprechabend zu gehen, aber alles gut, wir haben ja Humor, klasse Witz!

rung nach Lust am schönen Heim, poetischer Freude am Aufziehen der Kinder und naturgegebenem Spaß beim Erledigen der sisyphosartigen Haushaltspflichten einige Seiten in *Das andere Geschlecht* gewidmet und stellt – auch für diesen Kontext passend – fest:

> »Es sind vor allem die Schriftsteller, ob Männer oder Frauen, die solche Triumphe lyrisch erhöhen, weil sie selbst gar nicht oder nur selten den Haushalt besorgen.«[51]

Genau das ist auch hier das Problem, wenn auch »Schriftsteller« etwas hochgegriffen scheint für Hobbykommentarschreiberlinge, die sich in der Tradition Rousseaus sehen, und deshalb ein typisches Phänomen von Mansplaining: Wenn all die Martins oft und wütend genug kommentieren – im Internet und privat –, dass doch keine Arbeit sein kann, was sie selbst nicht tun, wenn sie weiter mit Scheinlogik Statistiken zerlegen und erklären, dass all diese Dinge ja nun mal getan werden müssten und sie doch auch kein Geld fürs Zähneputzen verlangen würden, verhindern sie einen gesellschaftspolitischen Kampf. Weil FINTA wieder zuerst für die Grundlage streiten müssen, auf der ihre Wahrheit stehen bleiben darf, auf der sie gehört werden, ihre Arbeit als das anerkannt wird, was sie ist, und ihre Forderungen überhaupt Platz haben.

In einem auf Facebook verlinkten Artikel der Journalistin Teresa Bücker fordert sie, die Care-Arbeit endlich auch politisch in den Blick zu nehmen, um nicht als alleinige Lösung die »Global-Care-Chain«, auf die ich noch zu sprechen komme, zu bedienen und damit nur einem kleinen Teil privilegierter Frauen scheinbare Gleichberechtigung zu verschaffen.[52] Irgendein besonders lustiger Alexander erinnert uns unter diesem Artikel auf lebensnahe Weise daran, unsere Zeit nicht mit dem Lesen und Schreiben von feministischen Schriften zu verschwenden: »Leute, durch den Genderscheiß wird die Küche auch nicht sauber...«

Da hat er nicht mal Recht, denn das bisschen Haushalt macht sich ganz genau wegen dieser vorherrschenden »Genderscheiße« nach wie vor von allein – solange man eben ein cis Mann ist und möglichst in einer hetero Paarbeziehung lebt, dann nämlich bleibt die von Frauen geleistete Arbeit unbezahlt und ungesehen, alles geht also »von allein«.

Eine vorletzte Kategorie von Kommentaren, die ich gerne erwähnen möchte, sind ganz faktenbasierte Erklärungsversuche, in denen von mir als Männer gelesene Accounts darauf hinweisen, dass Männer ja aber auch ungleich mehr »richtige Arbeit« machen würden, stundenlang aufopferungsvoll für ihre Familien im Büro säßen und bestimmt liebend gern mehr Hausarbeit übernehmen würden, wenn es ihr voller Work-Kalender nur zuließe.

Diesem Erklärungsversuch weiß die Studie in der Tat zu widersprechen: Frauen verbringen nämlich auch sonntags mehr als doppelt so viel Zeit (eine Stunde und 42 Minuten, um genau zu sein) mit Wäsche waschen, Kochen und Putzen wie ihre Partner. »Das Argument, die ungleiche Belastung durch die höhere Erwerbstätigkeit des Mannes sei der Grund für eine ungleiche Aufteilung der Hausarbeit, ist somit zumindest für erwerbsfreie Tage wenig überzeugend«, urteilt Claire Samtleben.[53]

Was allerdings schon eher dem Kern des Problems nahe kommt, ist das, was zusätzlich zu Peter, Heinz und Sven auch viele von mir weiblich gelesene Kommentatorinnen schreiben: »Wir Frauen wollen ja aber auch nichts aus der Hand geben!« Oder eben in der Mansplainvariante: »Ja, weil ihr Weiber Kontrollfreaks seid!« Ist es aber wirklich so einfach? Haben wir hier wieder mal einen klassischen Sündenfall, Eva ist schuld, alles klar, vielleicht sollten wir FINTA uns also sogar lieber dafür entschuldigen, statt mehr von männlichen Partnern zu fordern? Liegt es wirklich nur am verinnerlichten Sexismus? Gemma Hartley, deren Analyse der ungleichen Verteilung von Familien- und Beziehungsarbeit ich in einem vorigen Kapitel schon erwähnt habe, findet hierzu klare Worte, die ich unbedingt unterschreiben möchte:

> »Das Argument, Gefühlsarbeit habe etwas mit Kontrollwünschen oder -zwängen zu tun, geht am Kern des Problems vorbei. Es spielt einer sexistischen Erzählung in die Hände, die den Frauen die Schuld für Kämpfe zuschreibt, die ihren Ursprung ja gerade in der von uns kritisierten patriarchalischen Struktur haben. Dieses Schuldbeweisen und Mit-dem-Finger-auf-uns-Zeigen hält uns davon ab, zu den Wurzeln des Übels vorzudringen. Und die haben nichts mit Kontrolle zu tun, sondern mit der Wertschätzung unserer Arbeit.«[54]

Ein Paar, mit dem ich befreundet bin, hat zwei wunderbare kleine Kinder. Beide Elternteile arbeiten im exakt selben Sektor und sind beide freiberuflich, was natürlich bedeutet, dass sie sich ihre Arbeitsräume im Familienleben oft erkämpfen und bewusst freischaufeln müssen. Einmal saß ich mit der müden Mutter beim Mittagessen, sie stillte das Baby, während sie dem Kleinkind Reiswaffeln in den Mund schob, Krümel auffing und sich zwischendurch selbst Salat zuführte. Sie berichtete davon, wie all die Sorgearbeit am Ende des Tages doch vermehrt an ihr hängen bliebe. Dabei hätte sie einen feministischen und empathischen Mann (was ich bestätigen kann), sie würden gut kommunizieren und sogar Arbeitspläne erstellen, um sicherzustellen, dass die Zeit, in der sie ihrer Lohnarbeit nachgingen, in etwa ausgeglichen sei – und trotzdem! »Er sagt, ich würde ihn aber auch gar nicht lassen. Aber ganz ehrlich: Er macht ja auch so viel falsch! Und ich schwöre dir, er sieht den Dreck nicht mal!«, seufzte sie. Wenigstens diesen letzten Schwur kann die Wissenschaft widerlegen: Männer und Frauen beurteilen ordentliche oder unordentliche Räume gleichermaßen. Auch Männer sehen Staub, Dreck und herumliegende Wäsche, auch wenn es sicherlich vielen FINTA anders vorkommen muss.* Zum Caretaker wurde ihr Partner allerdings nicht in gleicher Weise wie sie trainiert. Dabei ist sich meine Freundin ganz sicher mit mir darüber einig, dass ihr Partner ein wunderbarer Vater ist, der weder auf die Idee käme, das Baby mit Nussschnaps zu füttern noch den

---

* Und auch hier geht es weder um alkoholisierte Babys noch Limonadenputzpartys mit Krabbelkindern.

Küchenboden mit Limonade zu wischen. So »falsch« kann es also nicht sein, was er macht. Das Empfinden, er würde es nicht richtig machen, rührt vermutlich tatsächlich zum anderen eher aus einem anerzogenen Perfektionismus. Dieser Perfektionismus oder zumindest der verzweifelte Versuch, ihn aufrechtzuerhalten, speist sich wiederum aus den Vorstellungen der Gesellschaft, der Wert einer weiblich gelesenen Person hinge auch daran, wie tugendhaft ordentlich sie ist und wie gut und liebevoll mütterlich sie ihre Kinder versorgt. Tut sie das nicht haargenau so, wie es das Patriarchat von ihr verlangt, ist sie dem allgegenwärtigen Momshaming ausgesetzt. Das Konglomerat an Mansplaining, generell unqualifizierten Erziehungstipps und harschen Beurteilungen durch Wildfremde im Alltag mit Kindern ist erstaunlich. Aber wenn ein mittlerweile toter Mann bestimmen kann, wie Mutterschaft auszusehen hat, kann wohl auch der fremde Opa in der U-Bahn zu mehr Strenge mahnen und jeder x-beliebige Supermarktbesucher analysieren, was in der Erziehung falsch läuft. Eine Freundin spazierte regelmäßig abends mit ihrem Säugling im Tragetuch um den Block, weil besagter Säugling so nun mal am besten einschlafen konnte, und erlebte dabei die gesamte Bandbreite an Absurditäten. Ein Mann an der Bushaltestelle gegenüber meinte sie belehren zu müssen, dass Kinder um diese Zeit ins Bett gehörten, eine Dame war kurz davor, das Jugendamt zu rufen, weil das – wie gesagt regelmäßig – herumgetragene Kind so ja keinen Rhythmus bekäme, und ein Arbeitskollege fragte, wann sie denn wieder zurückkäme, seiner Erfahrung als Onkel nach würden Kinder ja das erste halbe Jahr komplett durchschlafen.

Keine Ahnung zu haben ist also auch hier kein Hindernis, die Verhaltensweisen von Personen, die als Mütter wahrgenommen werden, zu be- und verurteilen. Im Prinzip ist jede Entscheidung, die eine Mutter trifft, irgendwie falsch. Wie sehr sich Unbeteiligte über diese Fehler echauffieren, kann man beispielsweise auf Instagram verfolgen.* Feministische Accounts machen dort (übrigens ebenfalls unbezahlt) immer wieder darauf aufmerksam, wie harsch Gesellschaft und Umfeld reagieren, wenn eine weiblich gelesene Person nicht jede wache Sekunde damit zubringt, erfüllt lächelnd ihr Kind, das sie natürlich im richtigen Alter (also weder zu jung noch zu alt) per Spontangeburt entbunden hat, zu betrachten, das sie währenddessen selbstverständlich stillt (aber weder zu lang noch zu kurz), zu regelmäßigen Zeiten ins Bett bringt, mit Naturbauklötzen und gendergerechtem (!) Spielzeug in der stets aufgeräumten Wohnung (für deren Miete sie selbst arbeitet, Hausfrausein ist unsexy, aber gleichzeitig verlässt sie das Kind bitte nicht, diese Rabenmutter) aufzieht und sich dabei auch noch um sich selbst kümmert (aber bitte nicht so Selfcarezeug, sondern Rasur, Make-up und Einparfümieren für den potenziellen Partner). Die Kommentare, die sich unter den oftmals wortgewaltigen Beiträgen der #feministmom-Bubble finden, sprechen dabei

---

* Ich kann Accounts wie die der Aktivistinnen und Autorinnen Jana Heinicke, Jule Weber oder Anna Mendel wirklich nur empfehlen. Zum einen, weil sie immer wieder kluge und durchdachte Perspektiven auf Elternschaft, Inklusion und Vereinbarkeit aufwerfen. Zum anderen aber auch, weil es erstaunlich zu beobachten ist, wie stark im Daily Business von Instagram FINTA anstoßen und auffallen, die die ästhetischen und festgefahrenen Bilder von Müttern hinterfragen und auf Bild- und Textebene neu erzählen.

schon Bände, zusätzlich berichten die Mütter auf diesen Accounts immer wieder von Situationen, in denen ihnen Momshaming ganz ungeniert auch aus dem eigenen Umfeld oder von Wildfremden entgegenschlägt.

Diese Kritik am Strukturellen ruft allerdings nicht nur Erklärbärmänner auf den Plan, sondern auch eine ganz andere Bubble: Diejenigen Mütter, die sich selbst das »Jammern« verbieten und am Idealbild von Mutterschaft festhalten wollen. Die Annahme, es müsste vielleicht gar nicht so sein, wie sie es selbst leben, mit Härte sich selbst und stiller Ergebenheit dem System gegenüber nämlich, rüttelt offenbar so sehr an ihrem Konstrukt von Welt, dass sie nicht selten mit Hass und Häme reagieren.

Wen wundert es also, dass meine Freundin laut ihrem Partner *Maternal Gatekeeping* praktiziert? Dass sie Schwierigkeiten hat, loszulassen und die Kontrolle abzugeben, wenn doch seit ihrer eigenen Zeugung alles und alle darauf hinweisen, dass es nun mal ihr Aufgabenbereich ist, für den sie sich verantwortlich zu fühlen hat?

Diesen Ratschlag hören FINTA, die es wagen, die Ungleichheit in Paarbeziehungen und Familienkonstrukten zu kritisieren, übrigens immer wieder – und immer wieder von Männern, die nicht im selben Dilemma feststecken: Lass los! Gib ab! Hör doch einfach auf, dir Gedanken zu machen! Wir haben schon sehr genau betrachtet, warum das für uns weiblich Sozialisierte alles andere als einfach ist. Um die klassische Rollenverteilung zu ändern, muss delegiert und gestritten werden, nicht selten muss sich das gesamte System ändern – und wer schon einmal über den Witz von »Vereinbarkeit« gelacht hat, weiß, wie wenig Zeit in einer kapitalistischen Welt, in der Lohn- und Care-Arbeit unter einen Hut gebracht werden müssen, für grundlegende Veränderung bleibt und wie mühsam es sein kann, immer die Person zu sein, die nörgelt und jammert. Eine Studie belegt, dass Frauen durchschnittlich drei Stunden pro Woche dafür aufwenden, Arbeiten noch einmal zu machen, die sie ihren Partner*innen übertragen hatten.[55] Ob das nur am eigenen Perfektionismus liegt, dem Männer nicht genügen? Oder vielleicht doch auch daran, dass das Gespräch, bei dem die Frauen ihren Männern möglichst schonend beibringen müssten, dass sie sich die Ausführung der Arbeiten anders wünschen würden, ohne dabei Gefühle zu verletzen oder noch mehr Stress und Streit in das Familiengetriebe zu bringen, vermutlich mehr Ressourcen kosten würde, als es »schnell« selbst zu machen? Es ist mal wieder Schlagerzeit! Diesmal zum Mitsingen! Denn selbstverständlich kommt es den Männern, die diese Arbeiten vermutlich sorgloser und weniger gründlich erledigt hatten als ihre Partnerinnen und dann trotzdem die vermeintlichen Früchte ihrer Arbeit in Form von glänzenden Armaturen, scheinenden Böden und prall gefüllten Kühlschränken genießen durften, vor, als würde sich der Haushalt quasi von alleine machen. Die Konsequenzen fürs Nicht-richtig-Machen würden ja auch die FINTA tragen, schließlich sehen wir den Haushalt noch immer in ihrer Verantwortung.

Tiffany Dufu hat ein ganzes Buch verfasst, das eine Lösung für dieses Problem vorschlägt. Es heißt: *Den Ball weiterspielen*. Sie fordert tatsächlich, die Verantwortung, die FINTA zu Unrecht alleine zugeschrieben wird, weiterzugeben und sich selbst mit allen Konsequenzen aus dem Spiel zu ziehen – wenigstens genauso sehr, wie ein Mann es könnte! Mein enger Freund*innenkreis kann sicher bestätigen, dass ich mir das Konzept, es einfach nicht zu machen, in vielen Bereichen des Haushalts sehr zu Herzen genommen habe: Ich putze keine Fenster, ich mache mein Bett nicht, ich wasche erst, wenn ich kaum noch Klamotten habe, und sauge grundsätzlich höchstens dann Staub, wenn Besuch kommt. In vielen Punkten habe ich den Druck, eine ordentliche Hausfrau zu sein, eingetauscht durch die Prioritäten, gleichzeitig zu studieren und zu touren, zu schreiben und zu singen, zu arbeiten und Quality time mit den Menschen zu verbringen, die mir am Herzen liegen. Ich habe für ein interessantes und erfülltes Leben so manchen der Bälle, die mir das Patriarchat in die Hände gedrückt hat, einfach hingelegt oder weggeworfen. Dafür habe ich einen Partner, der diese Bälle von Zeit zu Zeit auffängt oder aufhebt und das Schlimmste verhindert, vielleicht wäre Dufu stolz auf mich und unsere Beziehung. Die Scham, wenn doch unangekündigt Besuch kommt, bleibt aber bei mir – trotz meiner bewussten Entscheidung, die Verantwortung, die ich dafür spüre auch, genau wie die Kommentare zum Chaos sich beständig an mich richten. Das Konzept von Staub, der auch mal ein oder zwei Wochen lang auf dem Boden liegen bleiben darf, würde spätestens in dem Moment, in dem ein Kind über diesen Boden krabbeln würde, nicht mehr aufgehen.

In einem Gespräch mit Hartley erzählt Tiffany Dufu etwas näher, wie die Konsequenzen aus der Spielverweigerung in ihrem Fall aussahen: Einmal hatte ihr Mann viel zu lange das Öffnen der Post verschoben, bis sich die Mahnungen und Bußgelder wegen Versäumnis häuften, ein anderes Mal hatte die gemeinsame Tochter sogar eine für sie wichtige Geburtstagsparty verpasst, weil die Eltern des anderen Kindes ganz selbstverständlich davon ausgegangen waren, dass die Mutter für den Terminkalender ihrer Tochter zuständig sei.* Hier zeigt sich ein weiteres Problem, das beim Ratschlag »Lass doch einfach los!« nicht mitgedacht wird: Wer ist Leidtragende*r dieser Umstrukturierung? Mal ganz davon abgesehen, dass man sich die »Fehler«, die im Zuge eines solchen umfassenden Umdenk- und Umlernprozesses passieren können und werden, leisten können muss. Für manche Familien wären Bußgelder, die sich summieren, Geräte, die wegen falscher Benutzung kaputtgehen, oder Budgets, die wegen schlechter Planung überzogen werden, eine existenzbedrohende Katastrophe.

In Haushalten, die sich diese Gedanken nicht machen müssen, wird der Stress und die potenziellen Beinbrüche, welche liegengelassene Bälle – im wörtlichen und metaphorischen Sinne – produzieren könnten, gerne vermieden. Eine Möglichkeit aus der Ungleichheit in Heterobeziehungen scheint in der Tat immer häufiger zu sein, dass einfach keine*r der beiden die anfallenden Arbeiten übernimmt. Auch das ist ein Tipp, der gerne von betuchten Familienvätern gegeben wird, die glauben, eine Lösung für das Dilemma von FINTA parat zu haben.

---

* Immerhin ist es ja auch eigentlich ihre Aufgabe! Wenn sie schon zu faul ist, das bisschen Arbeit allein zu machen, sollte sie es ja wohl bitte wenigstens selbst organisieren!

Wer macht aber »das bisschen Haushalt«, wenn gut situierte weiße Frauen nicht bereit sind, diese Arbeit unbezahlt und ohne Wertschätzung zu tun? Dass sie dann oft ausgelagert wird, ist ein beliebter blinder Fleck im »weißen Feminismus« und befeuert genau die »Global-Care-Chain«, von der Bücker im bereits angesprochenen Artikel schreibt. Zwar organisiert die Auslagerung in der überwiegenden Mehrheit in Heterobeziehungen die Frau, es erscheint dann in aller Regel aber kein Hans-Georg im Nadelstreifenanzug, der für ein Managergehalt* den Kindern Schlaflieder vorsingt, die Lasagne in den Ofen schiebt, Wäsche aufhängt und mit dem Staubsauger durch die Wohnung tanzt. Fast ohne Ausnahme wird diese Arbeit ausgelagert an eine andere weiblich gelesene Person, meist eine, die deutlich schlechter verdient, und – je härter und unbeliebter die Arbeit, desto wahrscheinlicher – auch weniger weiß ist als ihre Arbeitsgeber*in. Rund 90 Prozent aller in deutschen Haushalten beschäftigten Reinigungskräfte arbeiten dabei schwarz und sind so extrem vulnerabel gegenüber Ausbeutung und schlechter Bezahlung.[56]

Ein bequemer Tipp also, aber wie so oft keiner, der wirklich für alle FINTA funktioniert. Wir müssen letztlich anerkennen, dass der Mythos der Hausfrau und Mutter, die gleichzeitig produktives Mitglied der arbeitenden Gesellschaft und dabei noch erfüllt und glücklich ist, nicht aufgeht. Diese Vorstellung geht auf ein rein theoretisches Gedankenbild zurück, das von einem Mann formuliert wurde,

---

* Oder wenigstens für ein Fußballstargehalt... na, kommt schon, das muss doch drin sein.

dessen Lebenswelt sich nicht annähernd in dieser Realität abspielte. Das alles ist also ein zentrales Thema von Mansplaining. Nicht nur die Kommentarspalten-Martins werfen die Mansplaining-Schleuder schneller an als die Waschmaschine. Die großen Intellektuellen tun es auch. Die Folgen einer Welt und Geisteshaltung, in der Personen, die als Mütter wahrgenommen werden, einem Ideal reichen müssen, das per se unerreichbar ist, und damit alles nur falsch machen können (inklusive der Dinge, in denen sie alles richtig und richtiger als ihre Partner machen wollen), einer Welt, in der cis Männer festlegen, was Arbeit ist und was nicht und FINTA von Geburt an dazu erzogen werden, sich ausbeuten zu lassen, sind dabei weitreichend und bestimmen über den Wert von so vielen Menschen. Die *Bundeszentrale für Politische Bildung* schreibt:

> » Die großen Gesellschaftstheorien, die sich mit Arbeit befassen, sehen Arbeit als Tätigkeit, die der Herstellung eines Produktes dient (Produktionsarbeit).
> Sie ignorieren jedoch die Leistung besonders der Frauen für die Erschaffung und den Erhalt der Gesellschaft (Reproduktionsarbeit). Die Arbeiten im Haus, bei der Erziehung der Kinder, der Pflege der Alten und Hilfsbedürftigen und in der sozialen und kulturellen ehrenamtlichen Arbeit werden (außerhalb der Frauenforschung) nicht unter dem Begriff Arbeit subsumiert, obwohl sie gesellschaftlich ebenso notwendig sind wie die Erwerbsarbeit. « [57]

Dabei würde unser Sozialsystem, der Vertrag, auf den unser Zusammenleben fußt, ohne diese Arbeit zusammenbrechen. Dass Männer nicht nur in Online-Foren, sondern sogar in Form von wissenschaftlicher Ignoranz erklären, wie diese Welt *eigentlich* funktioniert und wem wir ihr Weiterdrehen *eigentlich* verdanken, ist nichts weniger als eine der größten Ursachen der sozialen Ungerechtigkeit.

Wenn wir dieser Ungerechtigkeit entgegenwirken wollen, genügt es nicht, die Bälle, die wir nicht selbst tragen wollen, anderen in den Weg zu legen. Wir müssen ein System ändern, in dem weiße cis Männer über Dinge sprechen und bestimmen, von denen sie nichts verstehen. Wir müssen die Selbstverständlichkeit hinterfragen, mit der unsere Gesellschaft 13-jährigen Teeniemädchen aus der Nachbarschaft die Verantwortung für mehrere schlafende Kleinkinder überträgt und sie dafür auf ein Eis einlädt, die Erwartungshaltung, die wir an Mütter stellen – und uns klar darüber werden, woher all das kommt. Wir müssen über angemessene Bezahlung von unsichtbarer Arbeit sprechen und denen zuhören, die von all dieser Arbeit zu erschöpft sind, um sich selbst Gehör zu verschaffen. Wenn wir diese Ungerechtigkeit angehen wollen, müssen wir Erklärungen, Definitionen, Wahrheiten und Worte für die Welt und das Zusammenleben finden, die nicht ausschließlich von Männern stammen.

6. Erklär mir meine Schuld!

Wem wir glauben, wenn Wort gegen Wort steht

Triggerwarnung: sexualisierte Gewalt

Wolfgang Amadeus Mozart, der wahrscheinlich bekannteste klassische Komponist, hat eine Oper namens *Don Giovanni* geschrieben. Das titelgebende Motiv der Komtur-Arie dürfte bekannt sein. Ja, ich werde jetzt erst mal über eine Oper schreiben, aber keine Sorge: Das wird schon noch systemrelevant.

Die Handlung ist – wie in Opern manchmal – lang und zum Teil kompliziert, in aller Kürze aber folgende Einführung: Im Wesentlichen geht es um – wer hätte das gedacht? – Don Giovanni, der sich laut seiner eigenen Aussage moral- und sittenlos mit allen Frauen vergnügt, die ihm gefallen, und besonderes Talent zum Verführen hat. Zu Anfang der Oper sehen wir aber ganz und gar keine romantische Verführung, sondern eher etwas, das wie eine versuchte (oder gar gelungene) Vergewaltigung wirkt. Donna Anna, mit der der Titelheld wohl zugange war, stürzt aus ihrem Zimmer und schreit um Hilfe, ihr Vater, der Komtur, hört sie, versucht, den Wüstling zu fassen, und wird dabei von ihm ermordet. Während Anna und ihr Verlobter nun den ihnen unbekannten Mörder und mutmaßlichen Vergewaltiger suchen, um sich zu rächen, trifft dieser auf Donna Elvira, die sich ebenfalls rächen will, weil ihr Don Giovanni erst die Ehe versprochen und sie dann verlassen hat.

Eine dritte Frauenfigur kommt durch Zerlina in die Handlung: Sie soll eigentlich Hochzeit mit einem Bauern feiern, Giovanni nutzt seinen Reichtum, um die Hochzeitsgesellschaft auf sein Schloss einzuladen, bedroht den Bräutigam, um ihn loszuwerden, und versucht, die Braut zu verführen. Elvira kommt dazwischen und warnt zunächst Zerlina, dann Anna vor dem gewissenlosen Bösewicht, woraufhin Giovanni sie zweimal für verrückt erklärt.

Auf der Feier bedrängt Giovanni dann wieder Zerlina, bis auch sie schließlich um Hilfe ruft. Es folgen ein paar operntypische Verkleidungs- und Verwirrungswendungen, am Ende fährt Don Giovanni in die Hölle, und der Librettist Da Ponte packt für den Schlusschor noch mal die Moralkeule aus. Große Oper, Vorhang zu, Applaus, Applaus – so weit, so interessant.

Was aber für uns in diesem Zusammenhang eigentlich interessant ist, ist die Rezeption dieser Oper. Offenbar ist es nämlich weder das Höllenmotiv noch die ungewöhnliche Stärke einer rächenden Frauenfigur noch die Skrupellosigkeit Don Giovannis, was Musikwissenschaftler und Mozartexperten* in erster Linie umtreibt, es ist die Frage: »Was geschah wirklich zwischen Don Giovanni und Donna Anna?«[58] Man könnte, vor allem wenn man bisher nur die Handlung gehört und nie eine inszenierte Version des Stücks auf der Bühne gesehen hat, vollkommen zu Recht fragen: Hä? Aber wieso?

Wir haben Musik, die eindeutig und ohne jedes Mozart'sche Augenzwinkern tragisch, dramatisch und verzweifelt ist – und wir haben die Aussage Donna Annas selbst, die später ihrem Verlobten gegenüber schildert, was genau passiert ist:

---

* Wobei ich bewusst nur die männliche Form verwende.

» Schon warf die Dämm'rung ihren Schleier hernieder,
als in meine Gemächer, wo ich zu meinem Unheil
völlig allein war, ein Mann hereintritt, gehüllt in
einen Mantel. Im ersten Augenblicke wähnt' ich dich,
Freund, mir nahe, doch nur zu bald erkannt' ich die
schreckliche Täuschung. [...] Schweigend schleicht er
mir näher, schlingt um mich seinen Arm; ich will entfliehen,
er hält mich fester, ich rufe! Doch niemand kommt ...
Mit einer Hand versucht er, meine Rufe zu hindern,
mit der andern umschlingt er heftiger mich, schon
glaubt ich mich verloren [...] Die Todesangst, der Abscheu
vor dem furchtbaren Frevel, erhöhte so mir meine Kräfte,
dass ich mich durch heft'ges Ringen, Sträuben und
Entwinden endlich befreite. «

Eine Darstellung, die keine Zweifel offenlassen sollte. Oder? Das Problem an dieser Aussage ist natürlich offenkundig: Sie stammt von einer Frauenfigur! Ergo kann sie als solche nicht stehen gelassen werden und darf nicht mal in den Verdacht geraten, Wahrheit zu sein. In der 200-jährigen Rezeptionsgeschichte des Stücks haben verschiedene Männer alle sprachlichen und technischen Geschütze aufgefahren, um Donna Anna unglaubwürdig zu machen und das Geschilderte zumindest in Zweifel zu ziehen. In den Opernführern wird über die Jahre immer wieder infrage gestellt, was da eigentlich passiert am Anfang der Oper. Dass ausgerechnet Don Juan, der erotische Held, der geschickte Verführer, eine Vergewaltigung (und wenn wir das Libretto tatsächlich ernst nehmen, sogar zwei) nötig hätte, will man(n) nicht glauben. Woher wir übrigens wissen, dass Don Giovanni, dem im Laufe der Oper keine einzige Verführung gelingt, ein genialer Liebhaber und Frauenheld ist? Na, er sagt es uns doch! Und das Wort eines Mannes muss ja wohl bitte genügen.

Der Verfasser einer Mozart-Monografie, Wolfgang Hildesheimer, erklärt uns Verwirrten die Sachlage, indem er den mutmaßlichen Täter in Schutz nimmt: »Don Giovanni ist nicht der Mann, etwas zu rauben, das ihm nicht, als Frucht der einzigen Kunst, die er wirklich beherrscht, dargebracht würde.«[59] Diese Verleumdung weiblicher Glaubwürdigkeit nennt Namensvetter Wolfgang Schreiber in einem SZ-Artikel übrigens ein »vorsichtige[s] Resümee«.[60] Der Regisseur Walter Felsenstein ist der gleichen Meinung wie Hildesheimer: »Eine Vergewaltigung widerspräche völlig Giovannis Wesen und Prinzipien.«[61]

Die Mansplainer der Gefühlswelt einer fiktiven Frauengestalt überschlagen sich gegenseitig in abwegigen Deutungen, solange nur der Hauptcharakter selbst einigermaßen sympathisch wegkommt. Da wird Donna Anna als unsympathische Heulsuse diffamiert, ihr werden allerhand psychische Konditionen angedichtet, und manch einer malt sich besorgniserregend genau aus, wie sie den Akt sexueller Gewalt vermutlich sogar genossen hat. »Entscheidend ist, daß ihr erstes erotisches Verhältnis sie emotional an den Verführer bindet. Deshalb verfolgt sie ihn auch; sie will ihn festhalten«, fantasiert etwa Attila Csampai. »Don Giovanni hat nichts in ihr zerstört, sondern nur die dünne Schicht, die ihren inneren Widerspruch verbarg, aufgebrochen.«[62]

Wer schon einmal miterlebt hat, wie auch heute noch FINTA Personen die eigene Wahrheit über Erlebtes oder die Selbstbestimmung über den eigenen Körper von cis Männern abgesprochen wird, kann nicht anders, als diese Erklärungsversuche unerträglich zu finden. Sogar in einer so banalen und klaren Sachlage wie in diesem musikalischen Theaterstück kommt zum Ausdruck, was dieser Welt scheinbar drängendstes Bedürfnis ist: Wir glauben auch in der Kunst eher den unrealistischen Erzählungen eines Mannes, der vor unseren Augen Mord, mehrfache sexuelle Nötigung, Heiratsschwindel und körperliche Gewalt begeht, er habe ganze 2065 erfolgreiche Eroberungen zu verzeichnen,* als den klaren Worten einer Frau, an denen das Kunstwerk selbst keinen Zweifel lässt.

Und wie in so vielen Bereichen ist es auch hier wenig verwunderlich, wenn man sieht, wer diese Debatte führt, wer die Rezeption bestimmt und wer gefragt wird:

> »Im Vorwort des Klavierauszuges werden rund zwanzig Übersetzungen bzw. deutsche Textbearbeitungen aufgelistet. Sie stammen ausnahmslos von Männern, und es ist deshalb nicht überraschend, daß die Fähigkeit zur Einfühlung und Identifikation in

---

* Es gibt hierzu die berühmte Arie seines Dieners Leporello, der Donna Elvira wort- und tonreich erklärt, in wie viel verschiedenen Ländern sein Herr schon all diese Frauen verführt habe. Dass dabei allein sein anzunehmendes Alter, die damaligen Reiseumstände und -dauer sowie kulturelle Umstände in einigen der von ihm bereisten Länder mindestens eine unrealistische Herausforderung, wenn nicht eine Unmöglichkeit, darstellen, interessiert scheinbar nicht.

erster Linie dem männlichen Helden zugute kommt. Aber wer könnte dieses Mißverhältnis kompensieren? Weitgehend vergeblich halten wir in der zweihundertjährigen Don-Giovanni-Rezeption Ausschau nach Dirigentinnen, Regisseurinnen, Bühnenbildnerinnen, Dramaturginnen, Musikkritikerinnen und Wissenschaftlerinnen, die den zahlreichen Facetten des Don-Giovanni-Bildes ihre Wahrnehmung in Musik, Sprache und Bild hinzugefügt hätten. Auf diese Weise von Männern dominiert, gleicht die Rezeption einem Gerichtsverfahren, in dem männliche Richter, Staatsanwälte, Anwälte und Gerichtsreporter ihre jeweiligen Erfahrungen, Wünsche, Parteilichkeiten in die Wahrheitsfindung einbringen.》[63]

Auch 2019 musste ich noch Zeugin einer Inszenierung am *Royal Opera House* werden, in der keine einzige der Frauenfiguren glaubwürdig auftreten durfte: Elvira war tatsächlich verrückt (schließlich sagt das ja auch Don Giovanni – und der hat bekanntlich Recht!), Donna Anna natürlich höchst einverstanden mit den sexuellen Avancen – verlogen und falsch, wie Frauen eben sind, rief sie nur aus Koketterie um Hilfe und stellte den Sachverhalt dann anders dar, um ihre Ehre zu retten, und Zerlina tat das, was in den Augen großer Teile der Gesellschaft wohl auch nicht wenige FINTA tun: Sie brachte Giovanni selbst in eine Notlage und behauptete nur, von ihm genötigt worden zu sein, um ihm zu schaden.

Es ist nur logisch, dass auch ich als begeisterte Opernsängerin und -gängerin das, was ich auf der Bühne gesehen und gehört habe, seit ich ein Kind bin, für bare Münze genommen habe. Noch in meinem Bachelor-Gesangsstudium suchten wir gemeinsam mit meinem Semester und einer durchaus fähigen und feministisch eingestellten Regisseurin nach schauspielerischen Umsetzungen des inneren Zwiespalts, den Donna Anna sicher fühlen müsse, weil sie doch klar zu Giovanni hingezogen sei.

Ich habe versprochen, die Einleitung zu diesem Kapitel über eine Oper würde uns noch zur Systemrelevanz führen, und ich glaube, langsam wird deutlich, warum in dieser Episode aus der Hochkultur schon nahezu alles steckt, was das System bis heute erhält.

Wir leben in einer Gesellschaft, die zutiefst durchzogen ist von Rape-Culture und sexualisierter Gewalt gegen FINTA Personen in Wort und Tat. Wir wachsen alle mit Glaubenssätzen auf, die die Schuld für sexuelle Übergriffe selten bei den Täter*innen und viel zu oft bei den Betroffenen suchen und finden, was eine der gefährlichsten Formen von gesellschaftlichem Mansplaining darstellt. Davon zeugen im Alltag schon Kleiderordnungen, die sich an weiblich gelesene Personen richten, Verhaltenskodizes, wie man als FINTA in sozialen und öffentlichen Räumen »sicher« bleibt, und sprachliche Formulierungen bei Übergriffen, in Extremfällen aber leider auch einseitige Berichterstattungen, unverständliche Gerichtsurteile und traumatische Polizeibefragungen.

Die wahrscheinlich deutlichste und psychisch belastendste Auswirkung einer Gesellschaft, in der Mansplaining eine Geisteshaltung und allgemeiner Standard ist und somit unsere Gesprächsgewohnheiten bestimmt, ist der Umgang mit sexualisierter Gewalt. Bei einer Vergewaltigung steht in den allermeisten Fällen Wort gegen Wort. In den meisten Fällen geht es um das Wort einer FINTA Person gegen das Wort eines cis Mannes. Und genau da liegt das Problem! Wir sind daran gewöhnt, Männern zu glauben. Wir sind daran gewöhnt zu glauben, dass männlich gelesene Personen meist logisch, wissenschaftlich, sachlich und als Experten agieren, während weiblich gelesene Personen hysterisch, emotionsgesteuert, im Durchschnitt ein bisschen weniger intelligent, aber gleichzeitig manipulativ sind. Wir wissen das aus jeder harmlosen Konversation, in der uns Männer erklären, was wir meinen, aus Studien, die Männer zum Standard und Probleme von FINTA zur Ausnahme erklären, aus sexistischen Witzchen und Zeitschriften, in denen Frauen unlogisch handeln, aus einem Literaturkanon, in dem cis männliche weiße Autoren die Bücherregale füllen, aus Zeitungsberichten, in denen mutmaßliche Opfer sexualisierter Gewalt als promiskuitiv und durchtrieben dargestellt werden, aus populärwissenschaftlichen Büchern, in denen erklärt wird, warum Frauen nicht einparken können und auch generell zu blöd zum Lenken sind, aus den Zahlen, die uns klar zeigen, dass offenbar fast nur Männer gute Politiker, Führungskräfte, Fernsehmoderatoren und Professoren sind, und aus dem, was wir für unsere täglichen, von Ideologie gänzlich befreiten Erfahrungen halten: Männer haben Recht, weiblich gelesene Personen sind unglaubwürdig. Was für eine fatale Grundlage, um neutral an einen Aussage-gegen-Aussage-Fall heranzugehen!

Diese Grundlage zeigt sich leider gesellschaftlich: Es ist eine weit verbreitete Annahme, sexualisierte Übergriffe würden häufig erfunden werden, um einem Mann zu schaden. Eine klassische Zerlina-Situation also: die Falschanklage als Waffe der Frau.

Sandra Konrad schreibt in ihrem Buch *Das beherrschte Geschlecht*, eine Vergewaltigung sei das Schlimmste, was ein Mann einer Frau antun könne, eine fälschliche Beschuldigung »das Schlimmste, was eine Frau einem Mann antun kann«.[64] Ich bin nicht sicher, ob ich diesem Satz zustimmen möchte, immerhin gibt es eine ganze Reihe denkbarer Verbrechen – darunter übrigens auch die Vergewaltigung selbst –, die man auch Männern antun könnte, und auch in der Einordnung verschiedener Gewaltverbrechen ist das Empfinden vermutlich individuell, er zeigt aber doch ganz gut, wie heikel die rechtliche Entscheidung in so einem Fall ist. Es erscheint also auf den ersten Blick billig und recht, dass bei einem Vorwurf dieser Schwere die Unschuldsvermutung des mutmaßlichen Täters erst einmal besonders hochgehalten wird.

Ich habe es bereits erwähnt und fürchte auch, dass momentan wenig feministische Bücher ohne diese Selbstaussage auskommen werden: Ich habe selbst mehrfach sexualisierte Gewalt erlebt. In einem Fall wäre der Tatbestand der Vergewaltigung vermutlich erfüllt,[65] mit Sicherheit kann ich das nicht sagen, denn ich habe es nicht angezeigt. Das wiederum hat auch damit zu tun, dass ich mir sofort und umwendend selbst die Schuld daran gab, mir einredete, es sei »nichts« passiert, und mir sagte, ich hätte mit dem Typen weder mitgehen dürfen noch überhaupt auf einer

Party sein, ich hätte diesen Rock nicht tragen dürfen und nicht flirten, was hatte ich denn gedacht? Ich hätte mein Handyladekabel nicht vergessen dürfen und erst recht nicht die Zeit. Ich hätte schreien müssen, lauter jedenfalls, ich hätte mich körperlich stärker wehren müssen, hätte bessere Dinge sagen sollen, um ihn zu überzeugen, und warum war ich überhaupt so unfähig gewesen, mich zu bewegen? Ich weiß mittlerweile, dass all meine damaligen Reaktionen und Nichtreaktionen normal und psychologisch leicht erklärbar waren und dass nichts davon einem zehn Jahre älteren Mann das Recht gab, mich gegen meinen erklärten Willen zu bedrängen und sich über mich hinwegzusetzen. Damals wusste ich es nicht sicher genug. Das hatte auch damit zu tun, was ich in den Unterrichtsstunden des Patriarchats in meinem Leben bis dahin gelernt hatte. Dass meine körperliche Unversehrtheit nämlich nicht mein Recht, sondern meine Verantwortung und damit jeder Verstoß dagegen auch meine Schuld war. All das, was mein Gehirn ohnehin brav wiedergab, sagten auch die wenigen Personen zu mir, denen ich vorsichtig erzählte, was passiert war: »Sicher, dass du es nicht doch auch wolltest?«, fragte der Freund, der mich vorher noch beim Flirten gesehen hatte. »Wenn es so schlimm war, warum hast du nicht die Polizei gerufen?«, wollte eine Freundin wissen. Und: »Du hast dich halt auch wirklich in eine ungünstige Situation gebracht.« »Ich würde ihn nicht anzeigen«, riet eine andere Freundin, »der weiß doch wahrscheinlich noch nicht mal, dass es für dich nicht gut war.«

Die wirklich schlimmen Sachen sagte niemand meiner Freund*innen, die wirklich schlimmen Sachen hatte ich schon zuvor gehört und verinnerlicht. Aussagen wie die des Polizisten Michael Sanguinetti, der 2011 öffentlich riet, Frauen sollten sich eben nicht wie Schlampen anziehen, wenn sie nicht vergewaltigt werden wollten, und damit weltweit die Protestbewegungen der Slutwalks lostrat.[66] Ich hatte sie zu diesem Zeitpunkt bestimmt tausendmal in verschiedenen Variationen gehört und auch Aussagen wie die des US-Politikers Todd Akin, der sagte, der weibliche Körper hätte Wege, sich gegen eine Schwangerschaft durch eine Vergewaltigung zu wehren,[67] spukten in meinem Kopf herum, als ich zu allem Überfluss nach dem Vorfall zwei Monate meine Periode nicht bekam.[68] Ich erzählte fast niemandem davon, ich verbuchte es als »Fast-Vergewaltigung«, vor der ich mich gerade so noch mal retten konnte, die doch gerade noch mal gut gegangen war (irgendwann kam meine Periode doch), die mich mehr Vorsicht in zukünftigen Situationen lehren sollte. Ich bin mittlerweile überzeugt, dass es richtig gewesen wäre, ihn anzuzeigen. Dass ich es nicht getan habe, ist kein Zufall. Nur 5 Prozent aller potenziellen Sexualstraftaten werden in Deutschland angezeigt.[69] Ob eine Anzeige in meinem Fall erfolgreich gewesen wäre, ist überdies fraglich. Das Sexualstrafrecht wurde im Jahr 2016 reformiert und führte erst dann zu einer Verschärfung, bei der mein klar geäußertes »Nein« tatsächlich Grund genug gewesen wäre, das Vorgefallene als Vergewaltigung oder Nötigung zu kategorisieren. Bis dahin wäre es nicht ausreichend gewesen, dass was geschah, gegen meinen Willen passierte, die Beweislast dafür, dass ich mich in einer schutzlosen Lage befand, hätte zusätzlich bei mir gelegen. Ich halte es sogar für möglich, dass ich das hätte beweisen können, zumal ich zum Zeitpunkt der Tat minderjährig war.

Allerdings war ich auch dabei, als eine Freundin in einem Fall Anzeige erstattete, der sehr viel eindeutiger zu sein schien. Wir hatten uns am Vorabend weitgehend nüchtern gegenüber unseres gemeinsamen Hotels getrennt mit dem klaren Vorhaben, beide demnächst schlafen zu gehen und uns in ein paar Stunden zum Frühstück zu treffen. Am nächsten Morgen wachte sie teilweise unbekleidet, mit unerklärlichen Erinnerungslücken, blauen Flecken im Intimbereich und dem Wissen, dass etwas ganz und gar nicht stimmte, am anderen Ende der Stadt in einem Hauseingang auf. Ich wurde als Zeugin befragt, und ehe die zwei einfühlsamen Kriminalpolizistinnen eintrafen, übernahm das ein Polizeibeamter der Stadt, der mir mit reichlich Misstrauen erklärte, das sei ja nun ein sehr schwerer Vorwurf, der hier im Raum stünde, und dass ich mir bitte bewusst sein solle, dass auch ich bei einer Falschaussage mit schweren rechtlichen Schritten zu rechnen hätte. Zu diesem Zeitpunkt hatte keine von uns beiden den Vorwurf ausgesprochen. Ich hatte nicht mal Gelegenheit gehabt, mit meiner Freundin zu sprechen, da wurde ich schon als potenzielle Lügnerin ermahnt. Er wollte wissen, ob meine Freundin denn »öfter mal einen über den Durst« tränke und ob sie einen Freund hätte. Im Zuge der eigentlichen Befragungen übergab sich meine Freundin dann immer wieder, zitterte und hatte Atemnot. Der herbeigerufene Sanitäter urteilte mit hochgezogenen Augenbrauen: »Tja, das ist eine Panikattacke, die Ihre Freundin hier hat. Kommt schon mal vor, wenn man die Wahrheit sagen soll.« Der Subtext war nicht zu überhören.

Ich war dabei, als drei weiblich gelesene Personen aus meinem beruflichen Umfeld, die halb-öffentlich[70] Situationen geschildert hatten, in denen sie von massiven sexualisierten Übergriffen durch denselben Mann berichteten (zwei hatten Anzeige erstattet, die mit obskuren Begründungen fallen gelassen worden waren), selbst als Beklagte vor Gericht standen und sich vom Anwalt der Klägerseite anhören mussten, sie hätten böswillig das Leben seines Mandanten durch ihre Lügen zerstört. Das durfte er sagen, obwohl das Gericht die Betroffenen für glaubwürdig eingestuft hatte und sein Mandant in mindestens einem Fall nicht mal leugnete, was mutmaßlich passiert war.

Ich habe miterlebt, wie in einem anderen Fall im Umfeld meiner Bühnentätigkeit ganze Vereinsgruppen einem mutmaßlichen Täter zur Seite sprangen, öffentlich bedingungslose Solidarität verkündeten und mir eine Hetzkampagne vorgeworfen wurde, als ich eine Freundin davor warnte, mit diesem Mann zusammenzuarbeiten.

Es herrscht wohl die Annahme, es sei eine der leichtesten Übungen, einen unliebsam gewordenen Mann von der Bildfläche zu schaffen, indem man ihm eine Vergewaltigung andichtet. Und ganz offenbar muss der cis Mann vor dieser großen drohenden Gefahr geschützt werden!

Obwohl natürlich die gesellschaftlichen Imageschäden bei Prozessen von öffentlichem Interesse oftmals tatsächlich nicht umkehrbar sind und in einigen Fällen auch wirklich das Leben eines Beschuldigten zerstört haben, ist die Beschuldigung ein weniger leichtes Unterfangen, als man in der patriarchal geprägten Mehrheitsgesellschaft so annehmen möchte: Davon abgesehen, dass viele Betroffene von sexualisierter Gewalt die Befragung durch die Polizei (und leider oft im Umgang mit traumatisierten Opfern einer Gewalttat ungeschultes Personal) als fast genauso traumatisch oder zumindest retraumatisierend erleben wie die Tat selbst, stehen auch die Chancen für eine Verurteilung, ja sogar für einen Prozess, nicht sonderlich gut. So wird beispielsweise in weniger als einem Viertel (23 Prozent) der ohnehin extrem seltenen Fälle, in denen eine Anzeige erfolgt, eine gerichtsmedizinische Untersuchung durchgeführt. Im Ländervergleich ist das eine sehr niedrige Quote, die wertvolles Beweismaterial fahrlässig missachtet.[71] Auch Verfahrenseinstellungen kommen nicht selten vor, in der Regel von der Staatsanwaltschaft – wegen mangelnder Beweise. Aber auch die Betroffenen selbst ziehen zu einem nicht geringen Prozentsatz die Anzeigen zurück – erstaunlicherweise immer dann, wenn der Beschuldigte in ihrem alltäglichen Leben weiterhin Einfluss auf sie hat oder ein Abhängigkeitsverhältnis besteht.[72] Falls es doch zur Anklage kommt, werden im nationalen Durchschnitt nur 13 Prozent der Angeklagten auch verurteilt.[73] Und das nicht, weil alle anderen freigesprochen würden (es sind sogar nur rund 4 Prozent), sondern weil im Prozess selbst viele Betroffene der Mut verlässt, Vergleiche angenommen werden oder Anklagen während der Ermittlungen fallen gelassen werden. Ganz so einfach ist der Zerlina-Move also nicht – und ganz so wahrscheinlich auch nicht.* Und trotzdem habe ich ungeachtet

---

* Es sei denn, wir gehen davon aus, dass Zerlina ihre Bedrängnis auch nicht spielt, dann wiederum ist das ein sehr realistisches Szenario:

all der Erfahrungen, die ich selbst gemacht habe, die so viele Freund*innen und Kolleg*innen in meinem Umfeld machen mussten, trotz meiner Arbeit in einem intersektional feministischen Verein, trotz der woken, linkspolitischen und aufgeklärten Blase, in der ich mich bewegen darf, noch keinen Fall erlebt, in dem die geschlossene Solidarität dem vermeintlichen Opfer gegolten hätte. Die Solidarität für potenzielle Täter hingegen ist schnell gefasst und oftmals überwältigend. Je eher der mutmaßliche Täter dabei bekannt oder gar befreundet ist, desto weniger kann das Umfeld glauben, dass er »sowas« getan haben könnte. Eine »Kultur der Skepsis« nennen die Autorinnen einer Homeoffice-Research-Studie der London Metropolitan University dieses Phänomen, bei dem die Beschuldigten mit Vehemenz in Schutz genommen werden und diejenigen, die den Mut aufbringen anzuklagen, automatisch auf dem Prüfstand stehen. Falschanschuldigungen sind wie bei jedem Verbrechen (und diesem insbesondere) zweifelsohne ein Problem, allerdings eins, das von professionellen Stellen überinterpretiert und von der Gesellschaft überschätzt wird. Der tatsächliche Anteil an nachweisbaren Falschbeschuldigungen liegt bei gerade einmal 3 Prozent. Selbstverständlich müssen wir auch hier eine gewisse Dunkelziffer zugestehen, weshalb manche Studien von bis zu 9 Prozent ausgehen. Der Schaden, der durch eine solche Kultur der Skepsis bei Polizeivernehmungen, in Medienberichten und privaten Gesprächen angerich-

---

Eine Frau flirtet ein bisschen, wird daraufhin gegen ihren Willen bedrängt, und 200 Jahre lang glaubt ihr niemand.

tet wird – gerade bei Menschen, denen ohnehin eine der oftmals erniedrigendsten und tiefgehendsten Grenzüberschreitungen widerfahren ist, steht jedoch in keinem Verhältnis zu dieser Zahl.[74]

An der Realität, mit der sich Betroffene auseinandersetzen müssen, ändert das nichts. Gerade im Sommer 2021 wurde ein Strafprozess neu aufgerollt: Zwei Männer waren einer Frau aus dem Club bis vor ihre Wohnung gefolgt, wo sie sie gewaltsam zum Sex zwangen. Dafür war der eine Täter 2020 verurteilt worden. In der zweiten Instanz bekam er nun eine deutliche Strafminderung, außerdem wurde die Hälfte der Strafe auf Bewährung ausgesetzt. Der Grund: Die Betroffene hätte sich im Club flirtiv verhalten und mit einem anderen Mann einvernehmlichen Sex gehabt. Die brutale Vergewaltigung durch zwei Männer mit Vorsatz sah das Gericht also durch die »Signale«, die sie im Club ausgesendet hatte, provoziert. Zur Erinnerung: Wir sprechen von einem Urteil aus dem Jahr 2021, in einem europäischen Land.[75] Kann es einen klareren und angsteinflößenderen Beweis dafür geben, wie real und weitreichend die tiefsitzenden Folgen von einer mansplainenden Gesellschaft und Gesetzgebung sind?

Fast gleichzeitig zu diesem Urteil beginnt die MeToo-Bewegung in der deutschen Hiphop-Szene. Die Influencerin Nika Irani erzählte im Juni 2021 auf ihrem Instagramprofil öffentlich von einem angeblichen Vorfall sexualisierter Gewalt mit einem bekannten Rapper. Auch hier wandelte sich unter ihr die Kläger*innenbank zur Anklagebank. Eine Frau, die sich in den sozialen Medien freizügig zeigt, die nicht prüde ist und dann auch noch Aufmerksamkeit zu genießen scheint, hat sich in den Augen vieler Fans bereits disqualifiziert, um als Opfer gelten zu dürfen. Die Reaktionen, die man derzeit live mitverfolgen kann, sind noch ein Paradebeispiel für victim blaming und damit eine besonders perfide Art von Mansplaining: Erklär mir meine Schuld! Dabei steht übrigens außer Frage, dass vor Gericht die Unschuldsvermutung auch für den bezichtigten Rapper gelten muss. Ich selbst habe mich aus Gründen genau jener Struktur, von der ich hier schreibe, dazu entschieden, FINTA Personen grundsätzlich zunächst Glauben zu schenken. Dennoch gestehe auch ich dem mutmaßlichen Täter zu, bis zur endgültigen Klärung genau das zu bleiben: mutmaßlich. Es liegt durchaus im Bereich des Möglichen, dass Irani gelogen hat. Wenngleich das angesichts des Hasses, den sie durch ihre Aussage auf sich gezogen hat, sicherlich kein kluger Zug gewesen wäre, ist es möglich. Es bleibt aber auch möglich – und in Anbetracht aller strukturellen Hindernisse, der Strukturen, die zum Schweigen auffordern, der tatsächlichen Gefahr, in die man sich begibt, wenn man dennoch spricht, sogar nicht unwahrscheinlich, dass sie die Wahrheit sagt. Diesen Aspekt vermisst man allzu oft in der Debatte: Natürlich muss die Unschuldsvermutung für mutmaßliche Täter gelten, aber bitte auch für mutmaßliche Betroffene sexualisierter Gewalt!

Die Videos, die nun durchs Netz geistern und sie kompromittieren sollen, die Zweifel und Drohungen gegen ihre Person sind Ausdruck einer toxischen Kultur und sollen nicht nur die konkrete Person, sondern alle potenziellen Gewaltopfer zum Schweigen bringen. Jeder Hiphop-Fan, der jetzt freizügige Bilder, Beweise für Drogenkonsum oder private Chats von Irani zusammenstellt und öffentlich macht, sagt damit auch zu all denen, die bisher aus Angst geschwiegen haben: »Es ist besser, dass du schweigst. Schau, was mit dir passiert, wenn du doch redest!« Es wird erklärt, wie ein Opfer auszusehen hat, wie es sich zu verhalten hat, wer Täter sein kann und wer nicht. Wenn das Opferbild im Kopf nicht zur realen betroffenen Person passt, wird ihr das Recht abgesprochen, für mindestens möglicherweise glaubwürdig gehalten zu werden.

Auch die Figuren aus dem Hiphop, die ihre Solidarität mit Irani ausdrücken und ebenfalls die problematischen Strukturen der Szene ansprechen, sind der Welle an Hass und Denunziation ausgesetzt, die aufbegehrende FINTA mundtot machen soll. Die Rapperin Shirin David bekannte sich öffentlich dazu, die Vorwürfe ernst zu nehmen und Konsequenzen daraus zu ziehen. Seither bekommt sie laut ihren Angaben verstärkt Morddrohungen. An dieser Stelle sollte man ein bisschen auf den viel zitierten und heiß diskutierten Begriff der *Cancel Culture* eingehen. Natürlich wurde auch David vorgeworfen, Teil davon zu sein, als sie angab, eine Stelle, in der der beschuldigte Rapper in ihrem Musikvideo positiv erwähnt wird, streichen zu wollen. Man muss doch aber auch anmerken, dass es kaum eine radikalere Form des Cancelns geben kann, als eine Person tatsächlich auslöschen zu wollen.

Es ist zudem fraglich, wie gut die Cancel Culture, die in meinen Augen zumindest durchaus existiert und ein sehr mächtiges und auch gefährliches Instrument sein kann, wirklich funktioniert. Denken wir zurück an den Journalisten Jens Jessen, der über seine Angst schreibt, ein »schlüpfriges Kompliment« oder ein »läppischer« sexistischer Witz reiche aus, um vollständig gecancelt zu werden.[76] Diese Annahme geht ja nicht ganz auf, wenn man sieht, was aus denjenigen Männern geworden ist, die in den letzten Jahren mit öffentlichen Vorwürfen konfrontiert waren, die weit über schlüpfrige Komplimente hinausgingen. Um beispielsweise noch einmal auf mein Lieblingsfeld, die Oper, zurückzukommen: Der Startenor und -dirigent Plácido Domingo hatte nach anfänglicher Verteidigung 2020 sogar zugegeben, dass die Zeug*innenaussagen, die ihn übergriffigen Verhaltens und sexualisiertem Bedrängen bezichtigten, der Wahrheit entspräche. Die wirklich Großen scheint auch die gründlichste Cancel Culture nicht zu erreichen, Domingo hat gerade wieder an der Bayerischen Staatsoper gesungen, und sein Terminkalender verrät, dass er auch bis 2022 noch auf der ganzen Welt gut gebucht ist. Domingo ist, wenn auch bei Weitem nicht das extremste Beispiel, dann doch immerhin ein ziemlich gutes für die Machtstrukturen und Privilegienlage, die man auch bei der Frage nach Existenz und Wirkmächtigkeit von Cancel Culture nicht ignorieren kann. Diejenigen, die sich lautstark beklagen, man würde sie einem Hetzmob gleich in Manier einer astreinen Lynchjustiz canceln, sind erstens nicht selten die, die sich durch nachgewiesene Straftaten oder grenzüberschreitende Aussagen einen Platz in der Öffentlichkeit zu Recht verspielt hätten, es sind zweitens auch diejenigen, die ihre Klagen vor einem Millionenpublikum – oder zumindest einer sehr breiten Öffentlichkeit – vortragen dürfen und damit den Vorwurf selbst

Lügen strafen. FINTA Personen* mit weniger Publikum, Follower*innen, Macht, Beziehungen und szeneninternem Rückhalt werden täglich gecancelt – oft mit Drohungen, die ihnen gegen Leib und Leben gehen. Die Vergewaltigung ist hierbei leider ein beliebtes Instrument, Macht auszuüben und FINTA zum Schweigen zu bringen. Auf der nächstharmloseren Stufe steht die reine Vergewaltigungsdrohung, noch eine Stufe tiefer kommt absurderweise das Absprechen von Erfahrungen. Hier werden FINTA Personen als Lügner*innen diffamiert, wenn sie über das sprechen, was ihnen im Rahmen dieser tatsächlichen Cancellation angetan wird.

Als ich das erste Mal sexuell so bedrängt wurde, dass ich der Situation nur sehr knapp entfliehen konnte, war ich erst zwölf Jahre alt. Der Fall sexueller Übergriffigkeit, den ich im Nachhinein als Vergewaltigung kategorisieren muss, ereignete sich, als ich 17 war. Seit ich 18 bin und regelmäßig in der Öffentlichkeit stehe, gehören Vergewaltigungsdrohungen zu den Nachrichten, die ich fast wöchentlich über den ein oder anderen Kanal empfange. Dabei bin ich übrigens nicht auf die Bühne gesteppt und habe als erste Amtshandlung verkündigt: »Männer müssen die Klappe halten, trans Rechte sind Menschenrechte, und im Übrigen bin ich der Meinung, dass Dieter Nuhr gecancelt werden muss!« Im Gegenteil. Ich glaube, ich habe das Harmloseste getan, das mir einfiel – das aber wohl

---

* Ich möchte nicht leugnen, dass das Canceln von Zeit zu Zeit auch weniger einflussreiche cis Männer trifft, die tatsächlich Opfer von gezieltem Silencing werden – ob man hier aber von einer ganzen Kultur sprechen sollte, halte ich für fragwürdig.

doch ein Gestus großer Macht war. Meine erste Vergewaltigungsdrohung erhielt ich, nachdem ich im Fernsehen ein Gedicht vorgelesen hatte, das ich selbst geschrieben hatte. Ein Gedicht. Mit Endreimen, gefühliger Befindlichkeit und unsinnig gestreuten Atempausen.

Seitdem ist diese Form eines Cancelversuchs, die mal justiziabel, mal zu mythisch dafür und sehr oft übrigens grammatikalisch und orthografisch fragwürdig ist, fast Alltag für mich. Auf einem Lyrikpodium, auf dem ich lesen und diskutieren durfte, stellte die Dichterin Nora Gomringer die Frage in die Runde, ob denn Mord- und Vergewaltigungsdrohungen der hinnehmbare Preis dafür sein müssten, als FINTA zu schreiben. Erst die völlige Selbstverständlichkeit, mit der jede einzelne der anwesenden Dichterinnen von den Hass- und Drohnachrichten berichtete, die uns alle regelmäßig erreichen, zeigte mir die Absurdität und das Ausmaß dieser völlig unangemessenen Reaktion auf unliebsame Lyrik. Mein Schreiben wurde über die Zeit politischer, feministischer und mutiger. Das zeigt sich auch in den Reaktionen. Obwohl ich mittlerweile deutlich abgebrühter reagieren kann, sitzt der Schock noch immer tief, den ich als 18-Jährige erfahren habe, als diese erste bedrohliche Mail bei mir eintraf – als Antwort auf ein Gedicht. Dieser Schock bleibt mir für immer als Beweis, dass nicht ich die Verantwortung oder gar Schuld für den misogynen Hass trage, der mir den Mund verbieten will. Dass allein mein Sein als Frau, die es wagt, in der Öffentlichkeit zu sprechen, mich zur Zielscheibe macht. Kolumnistin und Aktivistin Laurie Penny schreibt dazu:

> Eine Meinung, so scheint es, ist der Minirock des Internets. Eine zu haben und öffentlich zu zeigen ist irgendwie ein Aufruf an eine amorphe Masse aus fast ausschließlich männlichen Tastaturprüglern, dir zu erklären, wie sie dich gerne vergewaltigen, töten und auf dich urinieren wollen. «[77]

Es ist eine recht grausame Form von Mansplaining, die hier stattfindet: Eine FINTA Person hat eine Meinung, und auf überhebliche oder gar aggressive Weise erklärt ihr ein anonymer Typ im Internet, was sie besser mit dieser Meinung angestellt hätte. Im besten Fall nämlich hätte sie diese Meinung für sich behalten, selbst wenn es eine ganz persönliche sein sollte. In *Frauen & Macht* erzählt Mary Beard eine ganze Kulturgeschichte des weiblichen Schweigens und zum Schweigen-gebracht-Werdens. Neben Gesetzen, die Frauen jahrhundertelang auch rechtlich das öffentliche Sprechen verboten, reiht sie auch einige der Geschichten und Theaterstücke auf, die unsere abendländische Kultur geprägt haben und bis heute prägen. Besonders brutal wirkt hierbei die Geschichte von Philomela, die in Ovids *Metamorphosen* vergewaltigt und schließlich im wahrsten Sinne des Wortes mundtot gemacht wird, indem der Vergewaltiger ihr die Zunge herausschneidet. In dasselbe Muster fällt auch Shakespeares Lavinia, die in *Titus Andronicus* ebenfalls ihrer Sprache beraubt wird, um ihren Vergewaltiger nicht denunzieren zu können. Beard bringt diese Muster in Verbindung mit den Beleidigungen und Drohungen, die ihr und anderen FINTA Personen entgegenschlagen, wenn sie »das Maul aufreiß[en]«, also sprichwörtlich einen Minirock im Netz tragen. »Halt das Maul, du Schlampe«, »Ich würde dir den Kopf abschlagen und ihn vergewaltigen«, zitiert sie aus ihrem Postfach und Twittermentions.[78] Auch ich habe schon verstörend detailreiche Fantasien geschildert bekommen, mit welchen Praktiken man mich genau zum Stillschweigen bringen würde. In einem weitgehend lyrischen Text habe ich einige meiner Erfahrungen mit sexualisierter Gewalt zusammengefasst. Ein vermutlich wohlmeinender Kommentator auf YouTube bringt sein Erstaunen und seinen Ekel folgendermaßen zum Ausdruck: »Meine Fresse, in was für einer Gegend ist die Frau aufgewachsen, um so vielen miesen Wichsern über den Weg zu laufen?« Die Frage kann ich beantworten und überdies als eine weitere – vermutlich unbewusste – Methode entlarven, die Schuld zu verlagern (auch wenn ich überzeugt bin, dass viele weiße heterosexuelle cis Männer sich diese Häufung offensichtlicher Aggressionen schlichtweg nicht vorstellen können): An meinen Erfahrungen ist nämlich nicht die »schlechte« Gegend schuld, in der ich wohl aufgewachsen sein muss, sondern ein System, das cis Männer zu toxischen Machtspielen ermutigt und FINTA Personen durch Gewalt in Wort und Tat den Mund verbietet. Die Gegend, aus der ich stamme, ist im Übrigen eine behütete Kleinstadt im Speckgürtel von München. Ich bin nicht irgendwo aufgewachsen, wo auch die Springerpresse Übergriffigkeit und Gewalt hinter jedem Wohnungseingang vermuten würde, sondern überprivilegiert mit Geigenunterricht, Selbstverteidigungskursen und Naturerlebnissen. Ich war auf einem musischen Gymnasium mit christlichen Schulgottesdiensten und ordentlichem Lateinunterricht, in dem ich die *Metamorphosen* von Ovid übersetzte und lernte, dass Zunge und Sprache im Lateinischen dasselbe Wort sind. Oh, the irony!

An der schlechten Gegend lag es also nicht. Vielleicht ja an den Männern selbst? Oder an einem System, das all diesen Männern das Gefühl gegeben hat, es sei in Ordnung, eine junge Frau so zu behandeln? Aber bevor wir über dieses System sprechen, fällt es uns offenbar leichter, andere Modelle zu bemühen. Ohne dem Kommentator selbst etwas unterstellen zu wollen, schwingt in solchen Kategorisierungen oft auch ein gewisser unterschwelliger Rassismus mit: Welche Gegenden werden nämlich als »schlecht« und unsicher für junge weiße Frauen betrachtet? Mit sehr großer Häufigkeit die mit hohem Migrant*innenanteil. Welche Männergestalten kommen uns in den Kopf, wenn wir an schamlose Übergriffigkeit denken? Leider passt das absolut zum Thema. In die Erklärungen, die sich als Sorge um weiblich gelesene Personen tarnt, mischt sich nicht selten die Warnung vor dem »wilden Mann«. Und diese stereotypen Klassifizierungen kommen nicht nur von AfD-Mitgliedern und Bürgerwehr-Manfreds, auch etablierte Medienblätter arbeiten immer wieder mit Illustrationen von weißen Frauenkörpern und schwarzen triebgesteuerten Händen als Symbolbild von Übergriffen. Zuletzt fielen hier die *Süddeutsche Zeitung* sowie der *Focus* auf, die über die Silvesternacht 2015 in Köln berichteten und dabei im wahrsten Sinne des Wortes Schwarz-weiß-Darstellungen auf dem Titelblatt verwendeten. Die *SZ* entschuldigte sich auf die Kritik hin, der Chefredakteur des *Focus*, Ulrich Reitz, hingegen verteidigte das Bild noch, auf dem eine gänzlich entblößte weiße weiblich zu lesende Person (die Augen selbstverständlich zensiert, hier ging es ja schließlich nicht um die Persönlichkeit!) abgebildet war, die auf ihrem modellschönen schlanken Körper Abdrücke von in schwarze Farbe getauchten Händen hatte.[79] Besonders auffällig war an diesem Bild der offensichtliche Sexismus, mit dem vorgeblich gegen anderen Sexismus geklagt werden sollte – gepaart mit astreinem und in seiner Symbolträchtigkeit fast schon einfältigem Rassismus. Aber auch in Berichterstattungen, die nicht im Verdacht stehen, das Thema importierter Gewalt ansprechen zu wollen, wird noch immer häufig auf rassistische und eindeutige Bildsprache zurückgegriffen. Neben der Abwertung von BIPoC ist auch diese Verknüpfung eine Message an FINTA Personen. Es ist eine weitere Ergänzung all der Regeln, an die man sich ganz einfach halten muss, um nicht Opfer von Gewalt zu werden. Was aber bedeutet dieses »man« überhaupt für FINTA Personen, die nicht weiß sind? Die Mischung aus Rassismus und Sexismus schadet letztlich allen und entbehrt jeder beweisbaren Logik. Trotzdem werden die daraus resultierenden Warnungen immer neu wiederholt. In Form von Ratschlägen, Schuldzuweisungen, skeptischen Nachfragen, sprachlich eindeutigen Schlagzeilen oder Bildmaterial. Sie erklären uns: Trag keine aufreizende Kleidung, sprich nicht mit dem Schwarzen Mann, behalte dein Getränk im Blick, trink nicht zu viel, wohn in der richtigen Gegend, lauf nachts nicht allein auf der Straße, nimm ein Taxi, bleib am besten ganz zu Hause! Die Fakten spielen dabei keine Rolle, wie dass der Täter in den meisten Fällen zum Beispiel ein Bekannter oder vermeintlicher

Freund ist, dass Partnerschaftsgewalt einen hohen Prozentsatz einnimmt, dass weder die weiteste Jogginghose noch die strikteste Abstinenz vor Übergriffen schützt oder dass auch Vergewaltigungen in Taxen in der Statistik auftauchen. Weiße weiblich gelesene Personen werden gewarnt vor »denen« mit ihrem mittelalterlichen Frauenbild und der »fremden« Kultur, in der sexualisierte Gewalt und Unterordnung unter den Ehemann an der Tagesordnung stünden. Wenn dir trotzdem etwas zustößt, bist du selbst schuld, sagen diese Regeln und Warnungen. Sie werden allzu häufig von denjenigen gemacht und ausgesprochen, die sich nicht vorstellen wollen oder können, welche gewaltsamen Auswirkungen das Patriarchat tagtäglich hat. Es sind wieder cis Männer, die im Prinzip sagen: Als Mann passiert mir so etwas nicht, lass mich dir also erklären, wie auch du dich davor schützt! Sie sagen damit auch: Sexualisierte Gewalt hat nichts mit *uns* zu tun. Aber werfen wir doch noch mal einen genaueren Blick darauf, wie fortschrittlich unser christliches Abendland strahlt. Gehen wir zum Beispiel ins mittelalterlich weit zurückliegende Jahr 1966 zurück, dürfen wir das Ergebnis des 4. Zivilsenats am Bundesgerichtshof, bei dem ausschließlich männliche Richter getagt und über zukünftig geltendes Recht entschieden haben, lesen:

> »Die Frau genügt ihren ehelichen Pflichten nicht schon damit, dass sie die Beiwohnung teilnahmslos geschehen lässt. Wenn es ihr infolge ihrer Veranlagung oder aus anderen Gründen, zu denen die Unwissenheit

> der Eheleute gehören kann, versagt bleibt, im ehelichen Verkehr Befriedigung zu finden, so fordert die Ehe von ihr doch eine Gewährung in ehelicher Zuneigung und Opferbereitschaft und verbietet es, Gleichgültigkeit oder Widerwillen zur Schau zu tragen.«[80]

Das kann und sollte man sich einmal auf der Zunge zergehen lassen. Da fordern also mitten in unsere aufgeklärte Gesellschaft hinein lauter Männer, die für das Wohlergehen, für Recht und Ordnung im gesamten Staat zuständig sind, dass die gute Ehefrau sich nicht nur bereitwillig besteigen lassen soll, ob sie will oder nicht,* sie soll dazu bitte nicht so schauen und lieber auch noch einen Orgasmus oder zumindest Begeisterung faken! Nicht dass der arme »unwissende« Ehemann sich noch mit ihren Gefühlen, Bedürfnissen und Vorlieben oder gar seiner eigenen Unfähigkeit auseinandersetzen muss!

Crazy times, will man da denken, wie viel hat sich doch in kurzer Zeit geändert! Das ist heute natürlich alles schon längst ganz anders… na ja. Das Gesetz, das Vergewaltigungen in der Ehe überhaupt erst als Straftat anerkannte, trat erst 1997 in Kraft, mit immerhin 138 Stimmen dagegen. Darunter übrigens auch so namhafte CDU-Politiker wie Horst Seehofer und Friedrich Merz.[81] Dabei hatten sie sich aber auch nur an die Linie der Partei gehalten: »Mit uns

---

* Und man mag mich Paragrafenreiterin nennen, aber irgendwie steht da doch nicht direkt der erklärte Willen mit drin, oder? Könnte man dann nicht gar von einer Vergewal… Aber nein, wir werden gleich merken: Das war zu diesem Zeitpunkt in einer Ehe gar nicht möglich.

nie«, verkündete Edmund Stoiber 1990 bei den Koalitionsverhandlungen zum Thema.[82] Zuvor hätte innerhalb einer Eheschließung so ziemlich alles vorfallen können – eine Vergewaltigung hätte es schon rein rechtlich nicht sein können. Auch hier zeigt sich wieder eine der pervertierten Auswirkungen des Systems, in dem Männer die Deutungshoheit über die Aussagen und Empfindungen von FINTA haben oder zumindest verlangen. So schlimm kann es ja nicht sein, wenn sie ihn freiwillig geheiratet hat. Egal was sie sagt. Ein Mann – ein männlicher Gesetzgeber – wird es besser wissen.

Diese Strukturen führen nicht nur zu einer Kultur der Skepsis, sondern auch zu einer der Sprachlosigkeit. FINTA werden in eine Position gebracht, in der sie nur selbst schuld sein können. Auch dann noch, wenn ihnen bereits sexualisierte Gewalt angetan wurde,* tragen sie die Verantwortung dafür, sich nicht durch einen metaphorischen Minirock weiter in Gefahr zu begeben. Solange FINTA als Schuldige in einem Prozess betrachtet werden, an dessen Existenz sie die Schuld gar nicht tragen können, weil sie selbst Opfer sind, haben sie keine Chance auf Freispruch. Wer einen gewaltsamen Ehepartner hat, ist selbst schuld. Man könnte ihn ja verlassen! Wer diesen Partner aber verlassen möchte, setzt sich dem größten Tötungsrisiko aus, das FINTA tragen können. Nie ist die Gefahr größer, Opfer eines Mordes oder Totschlags zu werden, als in den Tagen vor oder nach einer Trennung. Selbst schuld also? Wer

---

* An der sie natürlich selbst schuld oder mindestens mitverantwortlich waren!

überlebt und über das, was geschehen ist, spricht, hätte eben lieber schweigen sollen. Dir werden im Netz Vergewaltigungen an den Kopf gewünscht, weil du über genau dieses Verbrechen gesprochen hast? Da musst du dich doch nicht wundern. Ich spreche im ersten Kapitel von der Mansplaining-Methode »Unqualifiziertes Geben von Tipps«. Im Fall von sexualisierter oder auch ganz generell körperlicher und psychischer Gewalt gegen FINTA nimmt diese Methode sehr unangenehme Züge an, weil sie zur Verschiebung der Schuld und damit zu einer Täter-Opfer-Umkehr beiträgt. Wenn auf TikTok junge Frauen von Catcalling, also sexuell anzüglichem Rufen oder Pfeifen in öffentlichen Plätzen, berichten und es daraufhin in einem populären Antwortvideo heißt: »Dann steh doch nicht mitten auf der Straße rum!«, wenn unsere Antwort auf steigende Femizide und Gewalttaten ist: »Dann such dir halt einen besseren Mann!«, wenn mir männliche Freunde raten, ganz einfach ein Messer oder Pfefferspray mit mir herumzutragen, dann ist das nicht nur anmaßend, sondern eben auch Mansplaining. Denn die Mädchen auf TikTok sind vermutlich selbst schon auf die – übrigens nicht komplett praktikable und überdies zutiefst misogyne – Idee gekommen, möglichst wenig Zeit im öffentlichen Raum zu verbringen, um möglichst wenig sexualisiert zu werden. Genauso ist mir als 27-jähriger Frau, noch dazu als jemand, die alleine auf Touren fährt und ihren Anteil an Angriffen und Gefahrensituationen absolut erlebt hat, auch selbst schon der Gedanke gekommen, dass es praktisch wäre, potenzielle Angreifer außer Gefecht setzen zu können. Auch dieser Tipp ist, falls das nun jemand hofft, nicht die Lösung des Problems. Und was mit FINTA, die ihren gewalttätigen Partner verlassen, schlimmstenfalls passiert, wissen wir bereits. Wo solche Ratschläge vielleicht allenfalls als gut gemeint, wenn auch wenig hilfreich gedeutet werden könnten, sind sie eigentlich gefährlicher Zündstoff für das Schwelfeuer, das jederzeit über denjenigen entbrennen könnte, die ohnehin in ständiger Gefahr vor Verbrennungen leben müssen. Sie schlagen in dieselbe Kerbe, die die verschiedenen Ausprägungen von Rape-Culture bereits vorgegeben haben. Und weil auch diese Ratschläge wieder Raum nehmen, Raum, den sich Überlebende ohnehin hart erkämpfen müssen, tragen sie außerdem zur Kultur der Sprachlosigkeit bei.

Die Ideen, die zu solchen kompetenzlosen Vorschlägen führen und mitverantwortlich für die ständig stattfindende Täter-Opfer-Umkehr sind, sind uralt und stammen von Männern, die den Körper und die Glaubwürdigkeit weiblich gelesener Personen ohne jede Kenntnis erklären, klassifizieren, darüber bestimmen und dabei nur ihr eigenes Wort gelten lassen. »Die heute noch gültigen Vergewaltigungsmythen basieren auf jahrtausendealten Traditionen und Gesetzen, die von Männern geschaffen wurden, um ihre Ehre und ihre Vorherrschaft zu sichern«, schreibt auch Sandra Konrad.[83]

Ich erwarte nicht, dass besonders viele Leser*innen dieses Buchs gleichzeitig auch brennende Opernliebhaber*innen sind. Aber ich hoffe darauf, dass Donna Anna, Donna Elvira und auch Zerlina* unser aller Solidarität erfahren.

---

* Ja, auch und sogar, vielleicht sogar vor allem Zerlina! Obwohl sie arm ist und Don Giovanni reich, obwohl sie nicht immer nur tugendhaft

Dass wir an ihren Worten nicht grundsätzlich mehr zweifeln, nicht nur den schönen Arien von Don Giovanni und Leporello glauben. Und wenn wir das alle bei ein paar alten Opernfiguren schaffen, schaffen wir es vielleicht auch bei echten Menschen aus Fleisch und Blut im Jahr 2021. Bei Influencer*innen, Rapper*innen, Poetry Slammer*innen, Schüler*innen und Freund*innen. Selbst dann, wenn die Don Giovannis, von denen sie erzählen, auf den ersten Blick wie nette, attraktive Kerle aussehen, berühmt, reich und beliebt sind. Ich glaube, dass das Zeitalter der Don Giovannis abgelaufen ist. Es wird Zeit für Donna Anna und das, was sie zu sagen hat. Was wir alle zu sagen haben. Es wird Zeit zuzuhören, statt unqualifizierte Tipps zu geben und dann zu erklären, wer eigentlich schuld ist.

---

und unschuldig auftritt und auch, obwohl sie anfangs mit ihm flirtet! Wenn wir »Nur Ja heißt Ja« ernst nehmen wollen, müssen wir da jetzt alle durch, auch diejenigen unter uns, die ihren Don Giovanni am liebsten als unwiderstehlichen Frauenhelden sehen wollen.

7. Kann mir mal jemand den Witz erklären?

Warum Frauen biologisch betrachtet nicht lustig sein können

Zu meinem Leidwesen sind wir noch lange nicht an dem Punkt angelangt, an dem Menschen – vorrangig cis Männer – wüssten, wann der Zeitpunkt zum Klappehalten gekommen ist. Im Gegenteil: Man kann sich eigentlich recht sicher darauf verlassen, dass cis Männer am laufenden Band ihren Kommentar und ihre Bewertung zu allem abgeben werden, was sich vor ihrer Nase abspielt – als sei die Welt ein Laufsteg und sie selbst Heidi Klum. Dass dieses Juroren-Gen selbstredend vor allem dann zum Leben erweckt wird, wenn man sich tatsächlich auf einem Laufsteg oder einer Bühne bewegt, ist nur verständlich.* Nun spielt sich mein Leben zu großen Teilen auf Bühnen ab, wenn nicht gerade eine weltweite Pandemie dazwischenkommt.† Das bedeutet, ich habe es geschafft, enorm viel Zeit an dem Ort verbringen zu dürfen, an dem ich mich passend, richtig und kompetent fühle – dafür bin ich nach und vor jedem Auftritt immer wieder neu sehr dankbar. Es bedeutet aber auch, dass ich mich nach fast jedem dieser Auftritte mit cis Männern auseinandersetzen muss, die etwas zu dem zu sagen haben, was ich auf den Bühnen tue und sage. Ich gebe zu: Das ist nicht immer eine unange-

---

* Nicht im Sinne von: Na klar, Klaus, dann bin ich ja selber schuld. Sondern im Sinne von: Aus deiner Perspektive ergibt das Sinn. Aber deine Perspektive ist nicht okay. Nur damit das auch wirklich klar ist!

† Hatte ich erwähnt, dass mir in den vergangenen Monaten sogar erklärt wurde, ich hätte eben damit rechnen müssen, dass so etwas passiert? Ich sehe ja ein, dass man bei der Entscheidung, freischaffende Künstlerin sein zu wollen, einiges mitbedenken muss. Eine über ein Jahr andauernde Pandemie, die Auftritte gänzlich unmöglich macht, gehört meiner Meinung nach nicht zu den Szenarien, die ich realistischerweise in meine Überlegung miteinbeziehen hätte müssen. Der ein oder andere Peter sah das anders.

nehme Erfahrung, und es gibt kaum ein schöner vorstellbares Ergebnis eines Abends, als wenn ein Thomas oder Markus sich nach meinem Auftritt tatsächlich mitgenommen und generell dem Feminismus zugeneigter fühlt als vorher. In vielen Fällen ist es aber auch wie eine Bergtour mit Mühlsteinen im Rucksack: anstrengend und zwecklos.

Was in wiederkehrender Regelmäßigkeit auftritt, ist die Situation, in der ein Typ mich nach dem Auftritt anspricht, um mir Feedback zu geben. Gar nicht so selten ist dieses Feedback dabei lehrmeisterlich, umfassend und negativ.* Ich höre mit einem Gefühl, das ich selbst manchmal fast für Bewunderung halten möchte, zu, wie diese mir wildfremden Dudes einzelne Pointen sezieren, mir einen anderen Aufbau der Show vorschlagen und manchmal auch noch ein schönes Gesamturteil abgeben, das von einem entmutigenden »Ich glaub eben, Comedy ist einfach nichts für dich!« bis zu einem aufheiternden »Mach auf jeden Fall weiter!« reichen kann.

Wir dürfen nicht glauben, diese Kritiker wären wahrhaftig Kritiker, Kollegen oder Agenten – auch wenn sie sich oft gerieren, als hätte man gerade die Ehre, von einem Urgestein des Kabaretts auseinandergenommen zu werden. Auf meine Nachfrage, ob er denn selbst schon mal auf einer Bühne gestanden hätte, entgegnete mir ein solches Exemplar sogar einmal ohne jede Scham: »Nein, aber ich gehe

---

* Nicht dass ich grundsätzlich hauptsächlich negative Kritik bekäme. Diese Form von Feedback bekomme ich genauso nach sehr erfolgreichen Auftritten oder Publikumssiegen bei Wettbewerben. Der Feedbackmansplainer interessiert sich nicht für den Pöbel um sich – allein seine Meinung zählt, und die muss er mir mitteilen.

wirklich oft ins Kabarett. Erst letzte Woche habe ich eine andere Comedyshow gesehen!« Es macht mich tatsächlich platt, wie sicher man sich seiner selbst sein kann, um den Besuch einer Comedyshow in der letzten Woche als Qualifikation zu betrachten, einer Person, die seit Jahren beruflich humorvoll und erfolgreich auf Bühnen steht, ungefragt Tipps zu geben oder sich selbst den Einfluss und die Strahlkraft zuzuschreiben, eine*n junge*n Künstler*in auf den richtigen Pfad gebracht zu haben.

Im Vergleich zu einer anderen beliebten Reaktion bin ich aber für bloßes Feedback, so vermessen und falsch es sein mag, fast dankbar. Diese andere Reaktion lautet nämlich in der freundlichen Danke-für-gar-nichts-Variante: »Für eine Frau bist du ganz lustig« oder eben in der weniger freundlichen Version: »Frauen sind einfach nicht witzig.« Q. e. d.

Tatsächlich musste mein Humor – genau wie der zahlreicher anderer Kolleginnen – bereits oft dafür herhalten zu beweisen, dass Frauen ganz einfach nicht lustig sein können, schließlich hätten die Kommentatoren »kein einziges Mal gelacht« oder »noch nie eine witzige Frau erlebt«. Na, wenn Jörg-Justus das sagt, muss es natürlich stimmen. Oft finden sich diese Kommentare unter Videos, in denen das anwesende Publikum sich gut hörbar amüsiert. Es sind professionelle Videos, Fernsehmitschnitte oder Aufzeichnungen aus prestigeträchtigen Shows. Für den klassischen Mansplainer ist das alles nicht einmal zweitrangig, ihm genügt die eigene Einschätzung als Beweis einer universellen Wahrheit.

»Kommt eine Frau auf die Bühne und erzählt einen Witz.« Kennste? Kennste? Ein Brüller.

Woran könnte es aber liegen, dass diese Annahme so weit verbreitet ist, dass schon Klassenclowns sehr selten weiblich gelesen werden und man in den Line-ups verschiedener humorvoller TV-Sendungen fast so vergeblich nach FINTA suchen muss wie in DAX-Vorstandslisten?

Mir wurden in den mittlerweile neun Jahren, die ich mich – erst semiprofessionell, dann professionell – auf Bühnen bewege, schon die mannigfaltigsten Erklärungen dafür angeboten. Von der ausgeschmückten unfreiwilligen Biologievorlesung, in der mir erläutert wurde, dass Frauen ganz einfach ein bestimmtes Gen fehlen würde, über die simple Erläuterung, dass Frauen nun mal andere Hobbys hätten und sich auf Bühnen nicht so wohlfühlen würden, bis zu Beispielen positiven Sexismus, in denen breitgetreten wurde, dass Frauen eben ernsthafter, intelligenter und feinfühliger und daher gar nicht fähig zu groben Witzen und humordurchwirkten Programmen seien. Interessanterweise hatten die Erklärbären der letzteren These auch Gründe parat, warum es auch im ernsthafteren Bühnenmetier an FINTA Personen mangeln würde. Sie gestehen FINTA damit schlichtweg nicht die Fähigkeit zu Humor und gewitzten Pointen zu. Folgt man diesen Erklärungen, müssen sämtliche Momente, in denen ich oder irgendwer dachte, über den Witz einer Frau gelacht zu haben, Halluzinationen gewesen sein.

Ein echter Grund dafür, dass Männer grundsätzlich glauben, lustiger als Frauen zu sein, ist, dass es – zum Teil – stimmt.

Ich weiß, dass dieser Lesemoment gerade eben historisch war. Eine feministische Person gibt zu, dass in einem sexistischen Stereotyp etwas Wahrheit enthalten ist! Ab jetzt sollte alles möglich sein. Vielleicht wird als Nächstes eine linksextreme Vereinigung bei der Polizei in Sachsen entdeckt. Natürlich muss ich meinem Stand als Feministin noch gerecht werden und dieses Zugeständnis doch zumindest einschränken. Eine Meta-Studie hat also herausgefunden, dass Witze von Männern im Durchschnitt tatsächlich als lustiger eingestuft wurden als Witze von Frauen, auch wenn die Bewertenden das Geschlecht der Witzemacher*innen nicht kannten. Allerdings – here it comes – wurden Witze von Männern nur ein kleines bisschen lustiger eingeschätzt, nur in Bezug auf eine bestimmte Form der Humorproduktion, bei der die Teilnehmenden lustige Bildunterschriften finden mussten oder schlagfertige Antworten erfinden, und auch nur im westlichen Kulturkreis.[84] Aber immerhin.*

Wenn man eine evolutionstheoretische Erklärung für diesen geringen, aber doch vorhandenen Unterschied finden möchte, kann man natürlich ins Feld führen, dass Frauen (oder die Menschen, die noch bei Darwin unter diesem Begriff gesammelt werden) seit jeher einen Vorteil bei der Wahl ihres heterosexuellen Partners hatten und Humor als Anzeichen von Intelligenz und anderen genetischen Qualitäten somit bei Männern stärker ausgeprägt sein musste.

---

* Ich möchte, vor allem für den Fall, dass Dieter noch immer im Boot ist, aber auch darauf hinweisen, dass diese Studie keinerlei Aussage über den individuellen Humor eines beliebigen Menschen trifft. Es ist noch immer sehr wahrscheinlich, dass ausgerechnet du nicht lustiger bist als eine FINTA, die Humor zu ihrem Beruf machen konnte – selbst wenn du ein Mann bist.

Ich selbst bin keine Freundin von biologistischen Argumenten in der Geschlechterdebatte und möchte mich lieber noch etwas an der Einschränkung aufhängen, die klarmacht, dass Männer auch nur im westlichen Kulturkreis als das witzigere Geschlecht abschneiden. Es ist nämlich überdies bewiesen, dass Humor auch etwas mit Werten und gemeinsam geteilten Vorstellungen zu tun hat. In einer anderen Studie heißt es, Männer wären vor allem deswegen der Ansicht, selbst witziger als Frauen zu sein, weil sie ihren eigenen Humor wirklich lustiger finden und alles, was ihnen lustig vorkommt, automatisch auch als Produkt der Autorschaft von Männern vermuten. Umgekehrt vermuten sie hinter Ironie, die von Frauen kommt, oft echte Naivität, Dummheit oder Boshaftigkeit. Frauen haben es also deutlich schwerer, einen Witz zu machen, der bei Männern ankommt, weil sie zunächst sicherstellen müssen, dass auch alle im Raum wissen, dass das gleich Gesagte lustig sein soll – keine besonders reizvollen Umstände für einen spontanen Kalauer. Soziale Einflüsse spielen hierbei eine enorme Rolle, gelacht wird vor allem über die Witze von dem, der Einfluss hat – und das ist in unserer Gesellschaft natürlich eher selten eine FINTA Person.[85]

Das Ergebnis dieser Studie zeigt auch schon, warum selbst darin, über wessen Witze wir lachen und lachen sollen, die Auswirkungen von Mansplaining mitschwingen. Männer finden also Männer lustiger – wer aber sagt, dass Männer auch das Maß dessen sind, was gemeinhin für witzig gilt? Ich persönlich finde zum Beispiel die meisten Männer nicht besonders lustig. Nur weil mir antrainiert wurde, cis Typen monologisieren zu lassen und mich dann dafür zu bedanken, weil ich gelernt habe, sie Witze mit einer Prämisse machen zu lassen, die mir meine volle Daseinsberechtigung abspricht oder mich zum Objekt degradiert, und trotzdem darüber zu lachen, nur weil ich dazu erzogen wurde, über übergriffiges Verhalten hinwegzuschweigen, bedeutet das nicht, dass das auch der Status quo sein muss. Ich bin überzeugt: Wenn FINTA aufhören würden, über das zu lachen, was sie eigentlich im Kern nicht lustig finden, würde sich auch das gesamte Humorverständnis unserer Gesellschaft wandeln.

Erwachsene weiblich sozialisierte Menschen sind im Moment, da wir diesen Wandel noch nicht in Angriff genommen haben, aber auch deswegen im Durchschnitt weniger lustig, weil ihnen für die Rolle der Entertainerin wenig Übungszeit zugestanden wird. Während Jungs schon früh die Kunst des *Mantertainings* erlernen und bereits in der Grundschule Darwin-Punkte sammeln, wenn sie sich zum Klassenclown machen, werden Mädchen für dasselbe Verhalten eher bestraft. Das hat neben den Eigenschaften, die man als Klassenclown haben muss und die wir an weiblich gelesenen Personen anders (und in der Regel härter) interpretieren als an männlich gelesenen, auch mit den Themen zu tun, über die die breite Masse lacht. Männlich gelesene Personen haben schon als Kinder weniger Beschränkungen, derbe Themen und Worte zu verwenden, über sexuell Konnotiertes zu sprechen und Schimpfwörter zum Gelingen des Witzes einzusetzen, Während sich insbesondere Mädchen diese Freiheit erst zu einem gewissen Preis erkaufen müssen. Mit den Interessen der Geschlechter hat das übrigens nichts zu tun. Frauen verwenden das gleiche Vokabular und die gleichen Themen, wenn sie Witze machen – und haben in reinen Frauengruppen auch eine ähnliche Dichte an erzählten Witzen und Lachern wie Männer in jeder Gruppe.[86] Trotzdem werde ich von fremden Männern im Alter meines eigenen Vaters gerügt, wenn ich auf der Bühne für eine Pointe Wörter wie »ficken« verwende. Ein Mann meinte einmal, mir mitteilen zu müssen, dass es doch schade wäre, wenn eine Frau »in einem so schönen Kleid ein so hässliches Wort« benutzen würde. Du, du, du, ungezogenes Mädchen! Sowas machen doch nur Männer! Oder anders: Ficken sagt man nicht als FINTA, gefickt wird man.

Wie weitreichend diese sozialen Einflüsse auch später sind, zeigt eine dritte Studie: Lustige Frauen haben einen Nachteil in der gesellschaftlichen Wahrnehmung. Man konnte nachweisen, dass der Status von humorvollen Frauen als wesentlich niedriger eingeschätzt wird als der von Männern. Ein lustiger Mann ist charismatisch und karrieregeeignet. Eine Frau, die ihren Status sichern möchte, darf hingegen keine Witze machen. Gleichzeitig werden Witze und ein humorvoller Umgang als notwendig betrachtet, um den Status zu festigen – wieder einmal ein Teufelskreis, den die einzelne FINTA Person nicht durchbrechen kann.[87]

Ob das auch damit zusammenhängt, dass cis Männer Angst davor haben, entthront und lächerlich gemacht zu werden? »Männer haben Angst, dass Frauen sie auslachen. Frauen haben Angst, dass Männer sie umbringen.« Dieser Satz, der meist Margaret Atwood, der Autorin, die ihr eigenes Buch auf Twitter noch mal genau erklärt bekommen hat, zugeschrieben wird, enthält viel Wahres. Nicht zuletzt sieht man das an den Reaktionen auf FINTA Personen, die es wagen, Humor für sich zu beanspruchen. Morddrohungen sind auch in diesem Bereich kein seltenes Mittel, Künstler*innen zum Schweigen zu bringen – erst recht, wenn sie etwas ansprechen, das man erhalten will, sie sich über ein System lustig machen, das doch so viele schöne Vorteile bringt, oder gar über AWM spötteln, als wären es hirnlose Blondinen! Die viel zitierte Narrenfreiheit, die man als Mensch im Humorbereich genießt, ist nicht umsonst eine Freiheit, die es schon im Mittelalter möglich machte, Kritik an Herrschenden zu formulieren und Wahrheiten auszusprechen, ohne dafür Konsequenzen tragen zu müssen. Die Verteidiger*innen von Satire führen für diese Freiheit immer wieder die bekannte Satireschrift von Kurt Tucholsky an: *Was darf Satire?* Und beantworten sie wieder und wieder reflexhaft in seinem Sinne mit: »Alles!« Die wenigsten haben dabei tatsächlich Tucholsky gelesen, und allzu oft wird dieses Zitat gerade dann angeführt, wenn es sich gar nicht um Satire handelt – oder wenigstens nur um sehr, sehr schlechte. Persönlich möchte ich dem ausgeleierten Zitat auch von Zeit zu Zeit entgegnen, dass es doch sehr hübsch wäre, wenn Satire dann auch endlich mal alles oder wenigstens ein bisschen was wagen würde – wie Tucholsky sich das übrigens vorgestellt hatte –, statt ständig bereits marginalisierte Menschen weiter zu diskriminieren und sich über sie lustig zu machen.

Als ich vor ein paar Jahren ein Comedyseminar besuchte, das – na klar – von zwei weißen cis Männern gehalten wurde, passierte so allerhand Lustiges. Eine Situation, die ich sogar urkomisch fand, war zum Beispiel die, in der die beiden Alphamänner sich minutenlang über eine grammatikalische Formulierung stritten. Der ältere, erfolglosere hatte in bester Mansplaining-Manier den jüngeren, zweifellos witzigeren Leiter des Seminars unnötigerweise verbessert, und weil der nun mal keine FINTA Person war, sondern ein cis Mann mit Erfolg, konnte er das nicht stehen lassen. Gute zehn Minuten trugen die beiden vor dem gefüllten Saal einen Machtkampf aus, den weder unsere Zurufe (wir erinnern uns: Ich habe Germanistik studiert und hätte ihr Problem auf einer Sachebene tatsächlich sehr schnell lösen können) noch unser ungläubiges Lachen über diese zur Schau gestellte Fragilität männlicher Egos unterbrechen konnten. War das Satire? Nun, beabsichtigt war es nicht, aber als Loriot-Film hätte es sich meiner Einschätzung nach sehr gut verkauft. Stattdessen führten sie uns, nachdem sie zu keiner Einigung gekommen waren, aber sich vermutlich zumindest darin einigen konnten, beide erfolgreicher, lustiger und mächtiger zu sein als die Teilnehmer*innen, vor, was in ihren Augen gute Satire ausmachte. Sie zeigten uns einen Ausschnitt aus der amerikanischen Uraltkomödie *Die nackte Kanone*, in dem die gesamte Comedy darin bestand, dass die Frauen der Szenerie durch von Männern verursachte Slapstick-Unfälle verletzt und erniedrigt werden. Da wird Mrs Bush die Tür mit Schwung ins Gesicht gedonnert, der Stuhl beim Hinsetzen weggezogen, daraufhin wird ihr beim Versuch, ihr aufzuhelfen, der Kopf zweimal mit Kraft gegen die Tischplatte geschlagen, und am Ende bekommt sie noch eine Faust ins Auge. Eine andere Dame ist der Lacher des Jahrzehnts, weil ihr unbeabsichtigt mit der Zange eines Hummers gewaltsam an den Busen gefasst wird. Die Leiter unseres Seminars konnten sich kaum auf ihren Plätzen halten, die überwiegend junge und zu Teilen weibliche Teilnehmer*innengruppe sah stumm und ratlos zu. »Das ist doch aber Satire!«, rief der ältere Kabarettist, als wir ansprachen, dass uns Gewalt gegen Frauen gar nicht mal soooo lustig vorkam. Der Jüngere lenkte ein. Das sei eine ungünstige Szene gewesen und außerdem ja auch aus einer anderen Zeit. In anderen Szenen bekämen es auch die Männer ab, versprach er und zeigte dann eine Szene, in der ein Schwarzer erschossen wird, um sich im Sterben noch ungeschickt an einem heißen Ofenrohr zu verbrennen, gegen eine Tür zu stolpern und sich die Finger einzuklemmen: alles Satire.

Natürlich kann man auch einfach mal entspannt bleiben und das alles auch mal lustig finden. Das setzt aber voraus, Gewalt gegen Frauen und BIPoC für einen Witz oder zumindest kein so ernsthaftes Problem zu halten, dass man nicht mal herzhaft darüber lachen könnte, wenn weiße Männer genau das, was sie statistisch ohnehin tun, nämlich Gewalt gegen FINTA und BIPoC auszuüben, als Slapstick-Comedy verkaufen. »Das ist doch aber Satire!«, ruft hilflos der AWM und meint: Du darfst das nicht kritisieren!

Ein etwas neueres – und in meiner Einschätzung auch etwas gefährlicheres – Beispiel für dieses Muster lieferten Serdar Somuncu und Florian Schroeder in einer Folge ihres Podcasts *Schroeder & Somuncu* im September 2020. Somuncu haute ein rassistisches Wort nach dem nächsten raus, um dann in einem Totalumschlag auch gleich noch woke Feministinnen mit vor Sexismus und sprachlicher Gewalt triefenden Begriffen zu verunglimpfen. Schroeder lachte sich im Hintergrund schlapp und bestärkte ihn. Hahaha, »schlecht gebumste, miese, hässliche Schabracken« schreiben also Kolumnen und Bücher und regen sich über rassistische Sprache auf, statt »Schwänze zu lutschen«. Das Netz empörte sich, die kolumnenschreibenden Schabracken, zu denen ich mich ja vermutlich selbst zählen muss, kamen ihrem Ruf nach und verurteilten das Gesagte; und die Ritter der Meinungsfreiheit eilten erneut ihren Helden zu Hilfe und skandierten: Satire darf alles! Auch hässliche, untervögelte Frauen beleidigen und BIPoC mit rassistischen Fremdbezeichnungen verletzen! Nur, wer hatte noch gleich festgelegt, dass das überhaupt Satire war? Auf diesem Niveau bewegt sich das, was als hehre intellektuelle und schützenswerte Satire, die alles, aber auch wirklich alles darf, auch 2021 noch häufig. Wenn ich davon spreche, dass Humor auch auf gemeinsamen Werten und gesellschaftlichen Normen beruht, dann sage ich damit auch: Wir können etwas an unserem Humorverständnis ändern, und wir tun es bereits. Es ist kein Zufall, dass ein Teil des Publikums über solche »Witze« nicht mehr lachen kann. Nicht wenig der gesellschaftlichen Debatte findet derzeit im Humorbereich statt. Was soll* man noch sagen? Worüber wollen wir lachen? Was ist überhaupt Satire, und wer ist bloß Gegenstand des Witzes, wer erzählt ihn? Solange die humoristische Prämisse, auf der ein Gag funktio-

---

* Nota bene: Soll! Nicht darf!

niert, eigentlich eine sexistische oder rassistische ist, feiern selbstverständlich vor allem ältere weiße cis Männer sich gegenseitig für ihren gelungenen Witz – und natürlich gibt es die Massen an FINTA Personen mit internalisiertem Sexismus, Angst vor ihren Partnern oder Energielosigkeit angesichts der Emotionsarbeit, die es bedeuten würde, nicht mitzulachen, die deshalb ebenfalls lächeln, lachen oder den Comedians des Alltags zumindest die Schulter tätscheln. Trotzdem beruht dieses Humorverständnis auf der unhinterfragten Erklärung von Männern, was lustig ist und was nicht. Wenn wir uns aber gesellschaftlich darauf einigen, dass weiblich gelesene Personen gar nicht wirklich dümmlich, aber hot sind, mehrgewichtige Menschen den gleichen Wert haben wie normalgewichtige, Schwarze Personen nicht minderwertige Menschen sind, die sich heimlich auch nur danach sehnen, weiß zu sein, und Männer gar nicht wirklich immer nur »das Eine« wollen, werden sich auch unsere Witze verändern. Weil wir Jokes, die ein Weltbild wie aus den Sechzigerjahren voraussetzen, ganz einfach nicht mehr als passend empfinden werden und weil wir den Bewertungen von FINTA genauso viel Wert beimessen. Dann finden wir vielleicht einen AWM, der nicht mitbekommt, wie fossilhaft sein Weltbild ist, genauso lustig – oder sogar ein bisschen lustiger – als eine Blondine, die versucht, in der Wüste staubzusaugen, oder eine Frau mit je einer Gehirnzelle pro Herdplatte. Das käme uns übrigens auch außerhalb von Comedysendungen und Familienfeiern zugute: Sexistische Witze sind nämlich alles andere als harmlos. Dabei ist es absolut üblich, FINTA zu erklären, dass sie einfach ein bisschen chillen müssten, wenn sie sich gegen die generalisierende Zuschreibung wehren, sie seien nicht lustig, indem sie anführen, wie unlustig so mancher männlich produzierte Witz eigentlich ist. Wie hysterisch und schabrackenhaft, sich immer über jedes noch so kleine schlüpfrige Witzchen aufzuregen! Wie humorlos auch! Wer etwas kritisiert, hat es im Zweifel vermutlich nicht verstanden. Jokes wie der von Somuncu seien doch glasklar Satire, ganz anders gemeint und überdies total harmlos. Eben nicht! In einer Studie wurden verschiedenen cis Männern neutrale Witze und solche mit frauenfeindlichen Ansätzen erzählt – ob dieser frauenfeindliche Ansatz nun »Satire« war oder ernst gemeint, wurde nicht weiter seziert. Es waren ja Witze. Danach wurde ihr Verhalten analysiert und ihre Werturteile nach sexistischen Tendenzen untersucht. Es stellte sich heraus, dass Männer, denen zuvor ein sexistischer Witz erzählt wurde, danach deutlich häufiger auch im Ernst übergriffige Aussagen und Entscheidungen trafen, bei denen Frauen benachteiligt werden sollten.[88] Das, was ihnen als Humor verkauft worden war, lockerte die Situation auf und vermittelte den Eindruck, es sei tolerierbar, auch reale Unterschiede zwischen Männern und Frauen zu machen. Vor allem bei Männern, die generell eine misogyne Haltung hatten, bewirkten die Witzchen das Überwinden aller Hemmungen: Hatten sie sich nach den neutralen Witzen noch zusammengerissen, entschieden sie nach einem Altherrenwitz auf Kosten von Frauen beispielsweise, dass Projekten von Frauen deutlich weniger Budget zugesprochen werden sollte. Eine sehr reale Auswirkung einer Sache, die angeblich je nach Kontext unfassbar harmlos oder zweifelsfrei genial ist und damit weit über so lächerlichen Realitäten von Menschen, die einfach nicht begreifen, wie gut der Witz war, steht.

Solange wir auch im Humorbereich cis Männer entscheiden und erklären lassen, was witzig ist und was nicht, was zu Recht kritisiert wird und was zu Unrecht – und wessen Meinung oder Gefühle in der Debatte Gewicht haben, wird sich wohl auch nichts daran ändern, dass in hochkarätigen Shows weniger FINTA Comediennes und Comedians auftreten. Wenn wir genau an diesem Punkt allerdings ansetzen und zugestehen, dass Humor nicht nur Geschmackssache, sondern auch Sache einer patriarchalen Gesellschaft, verschiedener Beschränkungen weiblichen Verhaltens, von Status und Macht, Strukturerhaltung und realer Gewalt ist, haben wir vermutlich bald alle besser lachen. Das würde nämlich auch voraussetzen, dass wir uns neue Gags einfallen lassen müssen. Solche, die ein bisschen witziger sind, als: »Haha, sie ist dumm, weil sie fett ist.« Oder: »Haha, Polen klauen.« Oder auch: »Haha, Frauen und Männer. Kennste? Kennste?«

Dafür müssten wir aber auch Menschen einen Platz auf der Bühne, im Diskurs und ganz generell in der Gesellschaft zugestehen, die keine cis Männer sind. Und das wäre ja doch so albern, dass es fast schon lustig wäre.

8. Du hast hier keinen Platz!

Warum Männern die Welt, die Happy Hour und dein Sitzplatz gehört

Es läutet schon eine ganze Weile. Nach einigen Minuten nimmt im Verwaltungsbüro der Hochschule schließlich jemand den Hörer ab. »Guten Tag!«, sage ich und stelle mich vor: »Ich hätte eine Frage zum Bewerbungsprozess für den Master Gesang.« Der Mann grunzt schlecht gelaunt. »Und da rufst du hier an?« »Ihre Nummer war auf der Webseite angegeben. Aber vielleicht können Sie mir ja sagen, wie ich im Haus jemanden erreiche, der dafür zuständig ist?« »Nee, nee, das stimmt sicher nicht.« Schon an dieser Stelle verdrehe ich innerlich kurz die Augen. Vor mir ist die Webseite geöffnet, auf der wortwörtlich steht, dass man sich bei Fragen zum Bewerbungsprozess an diese Nummer wenden soll. »Na ja, vielleicht hab ich auch einfach nicht gut geschaut«, sage ich trotzdem. Eine der alltäglichen Strategien – im höflichen Umgang miteinander im Allgemeinen und im stressvermeidenden Umgang mit Mansplainern im Speziellen. Ich wünsche mir jemanden für den Blick, von dem ich bereits schrieb. »Tut mir leid. Können Sie mir denn vielleicht trotzdem helfen?« Er sucht minutenlang fluchend nach einem Namen. Ich habe parallel gegoogelt und frage schließlich: »Hier steht eine Frau Y. Allerdings ohne Funktion. Ist das denn die Richtige?« »Ah ja«, sagt der Mann am anderen Ende. »Genau die ist das. Also pass mal auf, Schätzchen.« Mir fällt erst jetzt auf, dass er mich die ganze Zeit schon duzt. Beim Schätzchen sind wir erst jetzt. »Da stehen eine Telefonnummer und eine Mailadresse.« »Ganz genau, danke! Ist das denn die Zuständige? Dann ruf ich da mal an.« »Ja, ja, Moment. Das machst du so: Du kopierst jetzt die Mailadresse da raus, und dann schreibst du dein Anliegen per Mail. Am besten führst du das ein bisschen aus, damit sie weiß, worum es geht.« Ich höre gespannt zu, weil ich noch glaube, dass gleich noch eine brauchbare Information kommen muss. »Die Mail schickst du dann an genau die E-Mail-Adresse, die da steht, ja? Ansonsten kannst du aber auch anrufen. Einfach die Nummer wählen...« Mittlerweile brauche ich sogar ganz dringend jemanden für den Blick. »Nein, wirklich?«, möchte ich gespielt naiv fragen. Ich lasse es. Der Herr in der Verwaltung ist nun ganz in seinem Element: »...also eben ins Telefon eintippen, die Nummer, die da steht, dann auf das kleine grüne Symbol klicken und dann genau sagen, was du brauchst. Also hier, was hast du gesagt? Bewerbungsprozess, genau. Da stellst du dich einfach vor und sagst, ich hab eine Frage zum Bewerbungsprozess. Verstanden?« Ich höre genau hin. Da schwingt tatsächlich keine Ironie in seiner Stimme mit, die ich erkennen könnte. Der Typ hat mir wirklich gerade erklärt, wie man telefoniert – am Telefon. »Vielen Dank«, bringe ich hervor. »Okay, gerne, gerne! Freut mich, dass ich helfen konnte! Mach's gut!«

Ich lege auf, lasse ihm seine Freude und weiß wieder mal nicht, ob das gerade wahnwitzig lustig war oder ermüdend unverschämt.

Als Kabarettistin entscheide ich mich natürlich für Ersteres. The Audacity dieses Kerls ist wunderbares Material für die Bühne, befinde ich. Lol, Menners.*

Trotzdem hat das Gespräch mich Zeit gekostet, die ich wirklich produktiver hätte nutzen können. Mein Telefonat mit Frau Y. – dem Mansplainer sei Dank habe ich es ge-

---

* Kennste? Kennste?

schafft, die Nummer zu wählen und auf das grüne Symbol zu tippen! – dauert nicht halb so lange, trotzdem habe ich alle Informationen, die ich brauche, als ich auflege. Diese Situation ist klein, winzig sogar. Es geht um ein paar Minuten, eine lustige Anekdote, haha, hat mir doch tatsächlich ein Mann am Telefon erklärt, wie man telefoniert. Sie ist gleichzeitig ein Steinchen in einem Mosaik, das mich sehr müde macht. Ein Mosaik, das von lauter vorrangig weißen cis Männern, aber leider auch genügend cis Frauen und manchmal sogar von Menschen, die beim Legen der Steinchen eigentlich ganz genau wissen müssten, dass sie sich gerade Stein für Stein den eigenen Zutritt verbauen, geschaffen wird – und mir und so vielen keinen Platz lässt. An einem Tag sind es nur ein paar Minuten, die mir genommen werden. An einem anderen Tag ist es meine Glaubwürdigkeit. Das platzraubende Mosaik ist eine Collage, es zeigt Männer mit bewundernswert weit gespreizten Beinen in öffentlichen Verkehrsmitteln, superkluge Hobbyprofessoren, die meine Zeit und Aufmerksamkeit fordern, ich möge ihnen doch jetzt gefälligst endlich erklären, wo bitte schön ausgerechnet cis Männer Privilegien genießen würden. Und es zeigt lustige Anekdoten und die schwerwiegenden Auswirkungen, in denen mir kein Raum für meine eigene Sprache bleibt. Es ist vielschichtig und nicht ganz unkompliziert. Für die meisten FINTA erschließt sich vermutlich sehr rasch, worum es geht. Für viele privilegierte cis Männer ist es wahrscheinlich etwas schwieriger, ein klares Gesamtwerk zu erkennen. Das liegt sicher auch daran, dass sie oft mittendrin stehen, teilweise erklären, warum ich das Kunstwerk falsch verstanden habe und es nicht halb so groß ist, wie ich es beschreibe, während viele FINTA an den Rand gedrängt das gesamte Bild überblicken können und müssen.

Beim Mansplaining geht es also auch um Raum und Kapazitäten. Feminismus sollte in meinen Augen bedeuten, Raum zu teilen: Also FINTA zu unterstützen und LGBTQI gezielt zu empowern, solidarisch mit WoC und Menschen mit Behinderung zu sein. Intersektionaler Feminismus sollte bedeuten, da, wo uns vorgegaukelt wird, es gäbe nur Platz für die eine, die coolste Frau, neuen Raum zu schaffen. Und wenn da wirklich kein Raum ist, dann sollte intersektionaler Feminismus das System ändern, das diesen Raum definiert. *Stronger together* heißt ein Gedicht der Poetin Rupi Kaur, in dem sie über den hart erkämpften Platz an der Spitze, in der Arena schreibt:

Women have been starved of space for so long
When one of us finally
Makes it into the arena
We get scared that another woman
Will take our spot
But space doesn't work like that
Look at all the men in the arena getting stronger
As their numbers multiply
More women in the arena means
More room for all of us to rise[89]

Ich wünsche mir, dass dieses Gedicht die Wahrheit ist. Ich wünsche mir, dass es nicht nur für Frauen gilt, sondern für uns alle. Und ich glaube, das ist auch so.

Warum ist es dann aber ein Problem, wenn cis Männer unseren Raum beanspruchen? Wenn es doch genug für alle gibt oder mindestens geben soll? Folgen wir dem Bild im Poem und stellen wir uns eine große, breite Arena vor, mit genug Platz für alle Athlet*innen, unabhängig von ihrem Geschlecht, ihrem Aussehen oder ihrer Herkunft. Und jetzt stellen wir uns vor, einem Athleten genügt es nicht, genug Platz zu haben. Er sieht besorgt auf die Athlet*innen neben ihm, die hart trainieren und stärker werden, er sieht Konkurrenz, vielleicht denkt er sehnsüchtig an die Zeiten, in denen außer ihm fast niemand in der Arena geduldet wurde, als ihm noch die Hälfte des Platzes gehörte. Stellen wir uns vor, dieser Sportler beginnt nun, unfair zu spielen. Wann immer die Person neben ihm ein Gewicht in die Hand nehmen will, greift er danach. Wann immer jemand sich neben ihm dehnen möchte, macht er einen großen Schritt und stellt seine Sporttasche in den Weg. Wenn jemand sich einlaufen möchte, läuft er in die Bahn. Plötzlich wird aus einem weiten Spielfeld mit genug Platz für alle ein zuweilen ganz schön enger Kampfring. Wie anstrengend und ermüdend für die athletische Person, die jedes einzelne Mal ausweichen muss, sich immer neue Orte suchen muss und die Gewichte eben nur zu Zeiten bekommt, die nicht sie selbst bestimmt. Und wie anstrengend und sinnlos auch für den Athleten, der all diese Anstrengungen und Rücksichtslosigkeiten unternimmt, nur um eine andere Person daran zu hindern, den Raum genauso zu nutzen wie er. Das Mosaik, das ich vom Rand des Spielfelds aus klar vor mir sehe, zeigt auch seine Situation. Der Mann, der mir erklärt, wie man einen Pfannkuchen belegt oder ein simples Telefonat führt, nimmt mir meine Zeit und meine Souveränität. Der Macho, der mir in der U-Bahn seine Spagatfortschritte vorführt und dadurch Manspreading betreibt, nimmt Platz ein, der ihm nicht zusteht. Im Extremfall nimmt er mir meinen Sitz- oder sogar Stehplatz. Der Mann, der mich unterbricht und wortreich etwas referiert, für das ich Expertin bin, nimmt mir Raum weg, der mir zusteht. Er nimmt mir die Chance darauf, gesehen zu werden, Karrieremöglichkeiten oder auch nur das wohltuende Gefühl, etwas gut zu können. Eine Sache, die uns beiden zustehen sollte, die er aber für sich ganz allein will. Mansplaining ist Manspreading auf Wortebene. Schlimm daran ist nicht, dass weiße cis Männer Raum einnehmen, das sollen sie um Himmels willen; das Problem ist, dass sie zu oft mehr Raum einnehmen, als sie brauchen, dass sie den Raum wegnehmen oder unsichtbar, unerträglich und klein machen, der FINTA gehört.

Ich finde es wichtig, dabei auch andere Strukturen zu betrachten. Schließlich stehe ich auch am Rand des Mosaiks nicht allein. Wenn man ehrlich ist, stehe ich im Vergleich sogar noch ziemlich mittig. Der Mann in der Verwaltung, der mich »Schätzchen« nannte und mir das Telefonieren erklärte, hatte vermutlich nie die Chance, Gesang zu studieren, vielleicht auch nicht die, sich feministisch zu bilden. In dem konkreten Beispiel war es sehr wahrscheinlich nicht so, aber denkbar wäre natürlich auch, dass er zusätzlich migrantisch gelesen wird, dass er sich also tagtäglich mit dem auseinandersetzen muss, was *ihn* an den Rand des Geschehens drängt und *ihm* unnötig Platz wegnimmt. Ich möchte diese Form der Diskriminierung anerkennen, gerade weil sie mich als blonde weiße cis Frau nicht trifft. Es ist trotzdem meine Überzeugung, dass die Antwort auf zu wenig Raum nie sein kann, diejenigen zu verdrängen, die selbst keinen Raum zugestanden bekommen oder gar noch weniger Platz haben. Gerade cis männliche Verhaltensweisen können sehr oft erklärt und auf Ungerechtigkeiten zurückgeführt werden, die ihnen selbst widerfahren sind. Es ist nämlich natürlich auch nicht ganz leicht, als junger, männlich gelesener Mensch durch ein Patriarchat zu gehen, das toxische Männlichkeit zum Maß aller Dinge macht. Genau wie die sprichwörtlichen »weißen Feministinnen«, die mir selbst in den Äußerlichkeiten sehr ähnlich sind,* vor lauter Kampf um den eigenen Platz oft auch den von migrantischen oder behinderten Frauen, BIPoC, trans oder inter Personen beanspruchen, reagieren cis Männer oftmals auf die Gewalt, die sie selbst erfahren, indem sie sie an das nächstschwächere Glied weitergeben. Um ein nicht ganz ernst gemeintes Beispiel zu bemühen: Es ist nachvollziehbar, dass man den viel geübten Spagat in der U-Bahn zeigen will, wenn man für seine Affirmation zum Ballett ausgelacht und »schwul« genannt wurde.†

---

* Weiße Feministinnen sind in der Regel... na ja, weiß. Sie sind außerdem cisgeschlechtlich, able-bodied, oftmals akademisch gebildet und finanziell privilegiert. Ganz ähnlich wie »alte weiße Männer« wird diese Bezeichnung zum Kampfbegriff, der eine Haltung beschreibt, die es weniger privilegierten FINTA schwermacht, in die Arena zu kommen. Mit diesen Voraussetzungen empfiehlt es sich, besonders sensibel damit zu sein, wessen Raum man einnimmt und ob durch das eigene Verhalten noch genug für alle bleibt.

† Wie schön wäre das denn, wenn sämtliche Manspreader eigentlich kleine Billy Elliots wären, die doch nur vom Tanzen träumen...

Vor einiger Zeit war ich zu einer Disputation einer Dissertation eingeladen. Diese Ehre hatte ich schon häufiger, denn ich habe sehr ehrgeizige, kluge und ja, auch privilegierte Freund*innen. Eigentlich sollte die Kandidatin in dieser Disputation ihre Doktorarbeit vorstellen und verteidigen, Fragen beantworten und eventuell auf das eingehen, was in der Arbeit unzureichend dargestellt wurde. In der Regel waren die Verteidigungen, deren Zeugin ich werden durfte, sehr freundliche und friedliche Gespräche, in denen die Kandidat*innen mit ihrem Wissen glänzen konnten. Meine Freundin hatte sich auf diesen Tag vorbereitet. Von den Jahren, in denen sie für ihre Dissertation recherchiert und geschrieben hatte, Vorträge gehalten, Kontakte geknüpft und nicht wenig auch kostenlos gearbeitet hatte, ganz abgesehen, hatte sie sich für den Vortrag und alle möglichen Fragen gewappnet. Im absoluten Boss-Etuikleid samt Kampflippenstift stand sie vor der Kommission, bereit, über alles zu referieren, worauf sie angesprochen würde. Zu unser aller Erstaunen wurde sie nach ihrem einführenden Vortrag aber kaum angesprochen. Im gesamten Prüfungsgespräch durfte sie vielleicht zwei oder drei Fragen beantworten. Den Rest der Zeit teilten sich Erst- und Zweitprüfer, indem sie sich gegenseitig übertrumpften im Mansplainen dessen, wie sie die Arbeit und den Gegenstand der Forschung verstanden hatten. Wobei meine Freundin dabei immer unwichtiger wurde, bald ging es gar nicht mehr um ihr Schwerpunktthema, irgendwann bestätigten sie sich nur noch gegenseitig, wie toll und klug und belesen sie ganz allgemein waren. Für alle Zuschauenden war es eine absurde Paradesituation zur Schau gestellten

Narzissmus; für die beiden Männer war es vermutlich ein bereichernder und fruchtbarer Austausch. Es gibt diesen Witz: Wie beginnt ein Mansplainer einen Heiratsantrag? Mit der – in Anschluss an Fachvorträge üblicherweise von Männern getroffenen – Aussage: »Das ist jetzt eigentlich mehr ein Kommentar, keine Frage.« Ich glaube, der Witz wurde für diese beiden Männer erfunden, die sich nach und nach gegenseitig den Raum gaben, der komplett der zu prüfenden Kandidatin zugestanden hätte. »Was wird das hier? Haltet doch einfach mal den Mund!«, dachte sie still und lächelte.

Die Rapperin, Wissenschaftlerin und Autorin Lady Bitch Ray spricht in diesem Zusammenhang von der *Fuckademia*, der Universitätslandschaft, in der ihr zufolge Mansplaining erfunden worden sein muss – von besserwisserischen narzisstischen Männern nämlich, die breitbeinig alle Gespräche dominieren und besondere Freude daran haben, die Hierarchie, deren Spitze sie sind, durch Abwertung und Kleinmachen von Studierenden, vorrangig weiblich und migrantisch gelesenen, weiter zu bestärken.

Ich habe meine ganz eigene Geschichte mit der Fuckademia: Von Professoren, die mir unpassendste und übergriffigste Avancen machten, zu solchen, die meinen Platz als Frau im Elfenbeinturm Wissenschaft generell infrage stellen wollten, war trotz meines Weißseins, meiner familiären akademischen Vorbildung und meiner Beherrschung der gesellschaftlichen Codes, alles dabei. Die schönsten Beispiele von Mansplaining im Hochschulkontext habe ich aber im Rahmen meines Gesangsstudiums erlebt, wo mir sogar die generelle Fähigkeit abgesprochen wurde, als Frau kreativ schaffen zu können, weil nun mal alle Kulturerrungenschaften ausnahmslos von Männern erschaffen worden seien,* wir kaum berühmte Komponistinnen kennen würden† und uns defizitären Wesen auch sonst die sexuelle Energie auf der Bühne fehlen würde.‡ Remember Freud? This is him now. Feel old yet? Hach ja.

Zu einem Großteil stammen diese Aussagen vom selben Lehrenden, und vorgetragen wurden sie uns in einem offenen Gespräch auf Augenhöhe, so nannte er es jedenfalls, in dem wir uns mal ganz unhierarchisch über #MeToo im Theaterbetrieb austauschen könnten. Wenn man ignoriert, dass er sich dabei nicht nur in einer Machtposition, sondern auch erhöht auf einer Bühne breitbeinig auf einem Stuhl sitzend befand und dass wir umgekehrt keinen Redeanteil zugesprochen bekamen, könnte man dieser Beschreibung fast zustimmen.

»Das Patriarchat der Sprache ist, wie wir schimpfen, beleidigen, unterbrechen, aber auch wie wir zensieren und maßregeln, Zugang zu bestimmten Milieus regulieren und Status kommunizieren«,[90] schreibt Rebekka Endler in ihrem Buch *Das Patriarchat der Dinge: Warum die Welt Frauen nicht passt*, in dem sie auch sonst einige sehr interessante Feststellungen über die Welt, ihr Design und unseren männlich (und weiß!) geprägten Blick auf das alles trifft. Ein Gespräch, das innerhalb eines Machtgefälles mit

---

* Und das ist ein Fakt! Bitte jetzt nicht mit Gegenbeispielen nerven!
† Nein! Stopp, keine Namen! Keine Begründungen! Es ist eben, wie es ist.
‡ Gut, das stimmt jetzt aber wirklich. Und nein, das ist nicht übergriffig! Das ist eben einfach die Wahrheit.

extrem unterschiedlichen Voraussetzungen und unter Zuhilfenahme regulierender und exkludierender Gesprächstechniken stattfindet, ist kein Gespräch auf Augenhöhe. Wenn zusätzlich die beiden Parteien auf unterschiedlichen räumlichen Ebenen sitzen – wie es in dieser absurden Situation meines Studiums der Fall war –, macht das nur sichtbar, was auf struktureller Ebene ohnehin gegeben ist.

Die Beobachtung von Endler deckt sich mit der Forschung, die zu geschlechtersensibler Linguistik existiert, wenn man auch ganz klar sagen muss, dass die meisten Studien im englischsprachigen Raum durchgeführt wurden. Sprache ist ein essenzieller Indikator für Sexismus und andere Formen der Ungerechtigkeit. Das ist nicht weiter verwunderlich, denn in Sprache drücken wir aus, was wir erleben, und Sprache funktioniert nicht unabhängig von Welt, Ideen, Ideologien und Realitäten – im Gegenteil. Im Zuge meines Germanistikstudiums habe ich so viel Interessantes über Sprache gelernt, über den Ursprung von Redewendungen, die Etymologie von Wörtern, über den Prozess der Sprachwerdung von Ideologien wie dem Nationalsozialismus und auch über Dekonstruktion solcher Ideologien über Sprache. Über gendergerechte Sprache habe ich übrigens zumindest im Studium leider nichts gelernt, denn die Genderlinguistik ist noch immer kein etablierter Fachbereich. Dennoch lässt sich das, was für andere Phänomene gilt, natürlich leicht übertragen auf die Streitfrage der gegenderten Sprache. Auch hier gibt es einen zunehmenden Sprachwandel, der mit Abbildung der Wirklichkeit, Wünschen und Ideologien zu tun hat, die sich in sprachlichen Mustern niederschlagen. Und das auf allen Seiten.

Als ich in der Endphase meines Schreibprozesses dieses Buchs einige meiner Gedanken auf meinem Instagram-Account teilte, eilten – wie stets, wenn man einschlägige Hashtags verwendet – ein paar edle Ritter der Männlichkeit herbei, um mir zu erklären, dass Feminismus per se unwissenschaftlich sei, Mansplaining kein reales Phänomen und Gesprächskultur etwas generell Geschlechtsunabhängiges. Es war ihnen gleichzeitig wichtig zu betonen, dass sich in der Realität vor allem junge linke Feministinnen einer schlechten und unzivilisierten Gesprächspraxis schuldig machten. In den Kommentaren, die zum Teil eigentlich ein sehr schönes Beispiel für die Realexistenz von Mansplaining und schlechter (männlicher) Gesprächskultur waren, wurde irgendwann vehement gefordert, ich solle doch bitte Quellen nennen für meine Behauptungen. Der Grund dafür war aber nicht, dass die Soldaten gegen den militanten und tödlichen Anti-Männer-Feminismus sich selbst ein bisschen bilden und möglicherweise über die verschiedenen Facetten des Mansplainings lesen wollten. Als ich vorschlug, in dem Fall könnten sie dann ja zum Beispiel mein Buch lesen,* wurde mir mitgeteilt, dass sie nur gefragt hätten, weil in ihren Augen einzelne Studien über Gesprächs-

---

* Diesen Vorschlag lehnten sie übrigens dankend ab. Wenn sich schon ein paar völlig fremde Männer die Mühe machten, auf ein Profil zu gehen, dem sie nicht folgten, und einer Autorin, die sie nicht kannten, zu unterstellen, sie würde ihre Behauptungen aus der Luft greifen, dann sollte diese sich doch bitte schön wenigstens die Arbeit machen, all ihre Quellen aus über einem Jahr Recherchearbeit durchzusehen und die einschlägigsten zu nennen. Dass ich das nicht getan habe, ist natürlich zum einen eine bodenlose Frechheit, zum anderen sicherlich ein erneuter Beweis dafür, dass es das Patriarchat gar nicht gibt. Q. e. d.

dominanz und andere Merkmale von Mansplaining noch lange kein Beweis für die Existenz von Mansplaining oder gar das Patriarchat seien. In gewisser Weise hatten sie damit sogar Recht: Der Unterschied zwischen Korrelation und Kausalität ist ja wirklich wichtig, und natürlich beweist eine Studie, die zeigt, dass Männer mehr Redeanteil in Gesprächen haben, nicht, dass sie diese Redezeit nutzen, um FINTA die Welt zu erklären. Die Tatsache, dass wir FINTA sprachlich nur selten abbilden, beweist allein noch kein Patriarchat. Nur geht es hierbei überhaupt nicht um eine Beweisführung. Es geht um ein Phänomen, in unserem Fall: Mansplaining, das viele Menschen in verschiedenen Bereichen beobachten und das viele Facetten hat – zum Beispiel eben die Gesprächsdominanz vieler cis Männer, auf die ich gleich noch zu sprechen komme. Mansplaining ist keine These, die erst in Studien bewiesen werden müsste, sondern ein Begriff für verschiedene einzelne empirisch bewiesene Verhaltensweisen, die in der Summe ein unangenehmes Muster ergeben, dem FINTA einen Namen gegeben haben. Deshalb gehe ich auf die einzelnen Studien ein, auf die vielen kleinen Steinchen des Mosaiks, das von unterschiedlichen Standpunkten aus sicher unterschiedliche Bilder ergibt. Die Steinchen, die das Bild zeichnen, das ich zumindest sehe, sind zu großen Teilen sprachlicher Natur. Mansplaining ist ja in erster Linie ein sprachliches Ereignis. Natürlich zählt zu diesem Ereignis auch, wie viel Raum jemand in einem Gespräch einnimmt und wie er diesen gestaltet. Ob diese kleinen Steinchen sich für beliebige Dudes aus dem Netz, die grundsätzlich eher geneigt sind, an die Diskriminierung des weißen hetero Manns zu glauben, als Beweis eines ganzen Bildes taugen, ist mir dabei schnuppe und trägt auch nicht wesentlich dazu bei, das Bild zu dekonstruieren.

Vergleicht man also die wirklich zahlreichen Studien miteinander, die zum Thema Gesprächsdominanz gemacht wurden, stößt man tatsächlich auf das Ergebnis, dass Männer mehr Redeanteil einnehmen. Wenn man allerdings die Unterscheidung von Korrelation und Kausalität ernst nimmt, muss man auch anerkennen, dass das vermutlich nicht unbedingt an ihrem Geschlecht oder ihrer Sozialisation liegt, sondern am höheren Status, den in den untersuchten Kontexten eben oftmals Männer innehatten. Das wiederum hat ja aber sehr viel mit ihrem Geschlecht zu tun. Ähnlich verhält es sich übrigens mit *Manterupting*,* also dem feministisch folkloristisch oft unterstellten Gesprächsverhalten von cis Männern, FINTA Personen zum Zwecke der eigenen Mansplaining-Monologe nicht ausreden zu lassen. Die Aufmerksamen werden sich erinnern, dass auch ich das als Methode einer formvollendeten Mansplaining-Erfahrung aufgelistet habe. Der Vergleich der Studien zeigt: Die Beobachtung ist wahr, Männer unterbrechen in den untersuchten Gesprächen häufiger und sprechen dann länger und mehr. Im Vergleich mit rein weiblich gelesenen Gruppen unterbrechen Männer allerdings nicht entscheidend öfter, als weiblich gelesene Personen das tun, wenn das Statusgefälle ähnlich verteilt ist (wobei unser male bias uns

---

* Ich habe das im Deutschen unt-ER-brechen getauft und glaube auch, die Erste zu sein. Eine bahnbrechende Worterfindung ist es nicht, aber besser als »herrklären« allemal.

dann vermittelt, die weiblich gelesene Person hätte deutlich mehr geredet). Das bedeutet für uns, beim Redeverhalten stehen zu bleiben wäre zu kurz gegriffen. Ein Indikator kann das untersuchte Redeverhalten aber sein. Sprachliche Dominanz festigt und zeigt Macht und höheren Status. Und diese Macht liegt in professionellen Gesprächskontexten oft bei Männern. Das wiederum mag damit zu tun haben, dass männlich gelesene Menschen ihren Redeanteil vor allem zur Selbstdarstellung nutzen – und um Status aufzubauen, während weiblich gelesene Studienteilnehmer*innen im Schnitt sozialer und interaktiver kommunizieren, ihren Gesprächsanteil also eher kooperativ nutzen – und damit Chancen vergeben, sich mehr Macht durch Gesprächsdominanz zu sichern.[91]

Ich bin schon in anderen Kapiteln darauf eingegangen, dass das schwerlich die Schuld der kommunizierenden weiblich gelesenen Menschen ist. Ich betone es noch einmal, weil ich weiß, dass das der erste Impuls aller Ritter des Mansplaining-Ordens ist: »Wenn FINTA weniger Macht haben, weil sie kooperativer kommunizieren und deshalb insgesamt auch weniger Redeanteil erhalten, meine Güte, dann sollen sie halt weniger kooperativ kommunizieren!«[92] Dieser Gedanke entstammt dem Effekt, den Caroline Criado-Perez den *Henry-Higgins-Effekt* nennt.* Higgins hat nämlich im

---

* Der Name beschreibt zwar sehr gut, worum es geht, ich möchte aber, wenn ich Criado-Perez hier zitiere, nicht unerwähnt lassen, dass das Buch, in welchem sie den Effekt erklärt, *Invisible Women* (der deutsche Titel lautet *Unsichtbare Frauen*), leider eine ganze Gruppe Menschen ebenfalls unsichtbar macht. Perez scheint zu ebenjenen Feministinnen zu gehören, die den Platz in der Arena für cis Frauen auf Kosten von trans Frauen, inter, nicht binären und agender Menschen erstrei-

Musical *My Fair Lady* den gleichen Impuls: Als Eliza Doolittle – komplett rationalerweise und sowieso später, als sinnvoll gewesen wäre – sein Haus verlässt, regt er sich darüber auf, wie irrational sie sei, wie lästig es wäre, ihr irgendeine Form von Aufmerksamkeit zukommen lassen zu müssen, und wendet sich schließlich an seinen Kollegen Pickering mit der Frage: »Why can't a woman be more like a man?« Wir beobachten also, dass etwas nicht vorteilhaft für Menschen ist, die keine cis Männer sind. Aber anstatt zu hinterfragen, wie wir die Umstände ändern könnten, kritisieren wir diejenigen, die nicht hineinpassen.[93] Auch das ist eine Form von Mansplaining. Wir als FINTA Personen wissen oft sehr genau selbst, was wir bräuchten, was unsere spezifischen Probleme sein könnten und auch ganz einfach, dass wir überhaupt existieren. Wir wissen, wo die Welt um uns herum nicht passt oder so gebaut ist, dass wir nicht hineinpassen können. Die oftmals von Männern dominierte und und für ihre Bedürfnisse (und Dominanz) gestaltete Welt erklärt uns aber wieder und wieder, dass das nicht stimmen kann, dass etwas mit *uns* nicht stimmt, dass wir uns nur ein bisschen mehr anstrengen müssten, nur ein bisschen mehr sein wie ein Mann, dann ginge das schon.

»When one human being tells another what is ›real‹, what they are actually doing is making a demand for obedience. They are asserting that they have a privileged view of reality«[94], benennt der Biologe Humberto Maturana das Problem an dieser Reaktion. Wenn ein Mann erklärt, ein

---

ten wollen – das jedenfalls legt die vollkommene Ignoranz anderer Geschlechter und die ein oder andere öffentlich getroffene Aussage nahe.

Problem sei nicht real oder besäße keine Relevanz, einfach weil er es selbst nicht hat, macht er damit auch deutlich, dass er selbst das Maß der Dinge ist, die wichtigste und verlässlichste Größe. »Wie enorm sich dein Problem auch anfühlen mag«, sagt er, »in meiner Welt ist es nicht existent, und damit hat es auch für dich nicht relevant zu sein.« Das ist indirekt tatsächlich eine Forderung nach Unterwerfung, es ist das Ausspielen von Macht. »Nerv mich nicht, Kind, Papa muss arbeiten, ich hab keine Zeit für deine Fantasiefreunde.«* Genauso verhält es sich auch mit der Sprache. Wenn weiblich sozialisierte Menschen aufgrund verschiedenster und vielschichtiger Faktoren, die auch mit patriarchalen Strukturen, Mental Load und Gefahrenvermeidung zu tun haben, aber auch mit sozialen Funktionen, ohne die unser Zusammenleben nicht aufgehen würde, andere Gesprächsstrategien an den Tag legen als cis Männer, dann ist das in erster Linie: anders. Nicht falsch, schlechter oder weniger zielführend. Jedenfalls müsste es nicht weniger zielführend sein. Aus der Perspektive derjenigen, die im Mittelpunkt des Mosaiks stehen, das um sie herum gebaut wurde, sieht es dabei so leicht aus. »Für mich geht es doch«, denken sie, »stellt euch einfach nicht so an!« Dabei übersehen sie aber viel zu oft, warum es für sie selbst geht und für andere eben nicht. Rebekka Endler nennt gleich zu Anfang ihres klugen Buchs ein Beispiel, das auf sehr alltäglicher Ebene veranschaulicht, wie dieser Henry-Higgins-Effekt aussehen kann: Sie berichtet von

---

* Wenn man »Fantasiefreunde« hier durch »Fantasieschmerzen« oder »Fantasieprobleme« ersetzt, ist dieser Vergleich erschreckend akkurat.

Geerte Piening, einer jungen niederländischen cis Frau, die 2015 ein Bußgeld für das Urinieren im öffentlichen Raum* bezahlen sollte, nachdem sie weit und breit keine öffentliche Toilette finden konnte, die sie hätte benutzen können. Auch im Widerspruchsverfahren verlor sie, weil der Richter meinte, sie hätte ja einfach eines der Urinale für Menschen mit Penis benutzen können, auch wenn es vielleicht etwas unbequem sei.[95] »Ich kann es doch auch«, schien er zu denken, »stell dich einfach nicht so an, Mädchen, und sei ein bisschen mehr wie ich!« Und kurzerhand erklärte er seine eigene Wahrnehmung zur universalen Wahrheit. Mansplaining sei Dank. Dass Urinale, so wie sie derzeit im Einsatz sind, aber schlichtweg nicht für Menschen ohne Penis designt sind, dass es nicht nur unbequem, sondern für viele ganz einfach unmöglich, in den meisten Fällen unhygienisch und tatsächlich auch gefährlich ist, sie zu benutzen, bedachte er nicht. Wir erinnern uns an die Gefahren, denen FINTA im öffentlichen Raum ohnehin ausgesetzt sind, und stellen uns dann ganz kurz vor, wie »unbequem« es erst werden könnte, wenn Menschen mit Vulva diese beim Versuch, ein Urinal zu nutzen, gänzlich entblößen und zur Schau stellen müssten. Urinale sind ja auch deswegen so beliebt, weil sie platzsparend sind und mehrere von ihnen nebeneinander angebracht werden können, man wäre bei diesem Versuch also nicht zwingend allein, sondern sehr

---

* Hockend. Hinter Büschen. Von zwei Freundinnen abgeschirmt. Ich sage das für die Männlichkeitsrechtler, die hier weiblichen Exhibitionismus vermuten, aber wahrscheinlich sowieso nicht mehr mitlesen. Apropos: Dieter, bist du eigentlich noch dabei? Ganz liebe Grüße an der Stelle.

wahrscheinlich umgeben von anderen cis Männern. Einer cis Frau zu erklären, wie sie ihre Notdurft zu verrichten hat und was ihrem Körper möglich ist, ist Mansplaining in mustergültiger Ausprägung, zumal die Erklärung rechtlich bindend und von einem staatlichen Organ getätigt wurde, womit das Machtgefälle auch klar bestimmt wäre.

Wie lässt sich dieses Beispiel täglicher Dringlichkeit nun aber auf unsere hehre deutsche Sprache der Dichter und Denker übertragen? Na ja, vielleicht sind Dichter und Denker schon ein ganz gutes Stichwort. Es geht ja nämlich nicht nur darum, wer wie viel von dieser Sprache Gebrauch macht und wie sich das auf den gesellschaftlichen Status auswirkt, sondern auch darum, über wen diese Sprache eigentlich Aussagen trifft. »Dichter und Denker« ist dabei nicht nur eine phraseologische Redewendung,* um die Kulturfinesse der Deutschen hochzuhalten, sondern auch generisches Maskulinum. Gemeint sind Dichter*innen und Denker*innen jeden Geschlechts, und eine Hannah Arendt wird von denjenigen, die die Tradition der Philosophie und Dichtung erhalten wollen, sicher genauso gern darunter gefasst werden wie ein Friedrich Schiller – trotzdem ist es deutlich wahrscheinlicher, dass Menschen an Schiller oder Goethe denken als an Luxemburg und Bachmann, wenn sie »Dichter und Denker« hören. Ja, na klar! Schließlich sind Goethe und Schiller ja auch viel, viel bekannter? Es gibt gute Gründe zu vermuten, dass das auch daran liegt, von wem wir sprechen, wenn wir über Dich-

---

* Ich finde, man darf vor allem in diesem Zusammenhang ruhig merken, dass ich Germanistik studiert habe!

tung und Philosophie sprechen. Ein Einwand, der die Bekanntheit zur Ursache statt zum Symptom macht, verkennt das eigentliche Problem. In dem Gespräch mit einem Dozenten nicht ganz auf Augenhöhe, das ich weiter vorne beschrieben habe, passierte genau das. Er referierte, dass Frauen als Komponistinnen, Denkerinnen, Künstlerinnen und Erfinderinnen deutlich unterrepräsentiert und viel weniger bekannt wären als Männer – und schloss daraus, dass Frauen einfach weniger Schöpfungskraft und Genie in sich trügen. Man könnte durchaus auch einen anderen Schluss aus dieser Beobachtung ziehen, und zu diesem Zeitpunkt sollte es kein Geheimnis sein, dass ich das auch tue. Die Gründe dafür sind wissenschaftlich belegbar.

In einer Studie wurden deutsche Muttersprachler*innen nach ihren liebsten Musiker*innen, Romanheld*innen und nach berühmten Politiker*innen befragt. Nur waren in den verschiedenen Gruppen einmal Politiker, Musiker und Romanhelden gefragt, einmal Politiker und Politikerinnen, Musiker und Musikerinnen etc. und einmal gar PolitikerInnen und so weiter (in einem anderen Experiment wurde nach neutralen Formen wie heldenhaften Romanfiguren gefragt). Die Studie zeigte ganz klar, dass die sprachliche Formulierung im Fragebogen einen enormen Unterschied machte. Nach Musikern im generischen Maskulinum gefragt nannten die Teilnehmenden zum überwältigenden Teil genau das: Musiker. Auf Musiker und Musikerinnen angesprochen – genau wie auf geschlechtsneutrale Formulierungen dieser Berufsgruppe – schafften es bedeutend mehr Frauen in die Antworten. Bei der Frage nach MusikerInnen mit Binnen-I wurden sogar mehr

Musikerinnen als Musiker genannt.[96] Vielleicht sollten wir also eine Weile von Dichter*innen und Dichterinnen sprechen, und wenn Rose Ausländer und Hilde Domin irgendwann genauso häufig genannt werden wie Heinrich Heine, können wir ja noch mal darüber sprechen, wie es mit weiblicher Schöpfungskraft aussieht.

Obwohl es Studien dieser Art inzwischen fast so zahlreich gibt wie Seminararbeiten zu Schillers Lyrik, und by the way so gut wie alle davon glasklar belegen, dass es einen Unterschied in der Wahrnehmung und folglich auch unserer Realität macht, ob wir nur die männliche Form nutzen oder andere Geschlechter sprachlich mitberücksichtigen, ist gegenderte Sprache als Thema noch immer ein Funpark mit Hass-Achterbahn für Mansplainer und Hater. Als jemand, die sich akademisch mit Linguistik und Sprachwandel auseinandergesetzt hat, empfinde ich es oft als besonders spaßig, wie mir absolute Laien die Grundsätze von Linguistik erklären wollen. Männer jeden Fachbereichs haben mir schon Vorträge darüber gehalten, wie Sprachwandel vonstattenzugehen hat und wie nicht, warum die Ist-Form dringend erhalten werden muss und warum meine Vorschläge die deutsche Grammatik nachhaltig zerstören würden und damit die abendländische Kultur ins ewige Dunkel stürzen.*
Dabei war neben abenteuerlichen sprachwissenschaftlichen Beweisführungen und Grundannahmen auch häufiger der

---

* Ich gebe zu, die Wortwahl war nicht gar so dramatisch. Die Macht, die mir damit als Autorin zugeschrieben wurde, ehrt mich allerdings auf eine Art sehr, und ich kann nicht sagen, dass es mich nicht ab und zu reizen würde, das Abendland tatsächlich durch ein paar Sternchen ins Wanken zu bringen.

ein oder andere Hysterie-Vorwurf zu entdecken. Es sei übertrieben, fanatisch und übergriffig von mir, im Alltag zu gendern. Natürlich genderten sie alle dabei auch, nur eben »normal«, denn die Norm stellt nun mal der cis Mann dar. Ich möchte an dieser Stelle nicht behaupten, dass sämtliche FINTA Personen sich einig wären, was den Umgang mit sprachlicher Berücksichtigung betrifft, ganz im Gegenteil! Luise Pusch zum Beispiel, die Frau, die das Nachdenken über gendersensible Sprache in Deutschland hauptsächlich angestoßen hat, wäre nicht einverstanden mit der Art und Weise, wie ich in diesem Text gendere.[97] Es gibt innerhalb der feministischen Bubbles fortwährende Diskussionen über die idealste Form, möglichst alle sprachlich mitzuberücksichtigen. Dabei werden linguistische Argumente genauso wie ideologische ausgetauscht – und persönlich kann ich den meisten Argumentationen etwas abgewinnen. Im Kern geht es nämlich allen darum zu hinterfragen, warum genau der Mann auch sprachlich die Norm zu sein hat und was man dagegen tun könnte.* Die Argumente gegen »gegenderte« Sprache (wie gesagt: auch das generische Maskulinum ist eine Form des Genderns) sind sehr häufig aggressiv und von Whataboutismen und dem Lächerlichmachen der hysterischen (da ist es wieder) Feminist*innen geprägt. Haben wir keine wichtigeren Probleme? Inwiefern hilft dein Sternchen jetzt der alleinerziehenden oder obdachlosen Frau? Und findest du das nicht auch ein kleines bisschen übertrieben? All diese Fragen sind oft nur der Ein-

---

* Und wenn es gegen Männer geht, bin ich natürlich immer dabei. (Das war ein Scherz, Peter.)

stieg für Monologe darüber, welche anderen Probleme wichtiger wären, welche anderen Lösungen angebracht und wie krass überzogen und im Übrigen auch unpraktisch und den Lese- oder Gesprächsfluss störend das alles überhaupt sei.

Nun. Fangen wir von vorne an: Ich persönlich nehme Sprache ziemlich wichtig. Sie ist mein Ausdruck in die Welt hinein und die Art, wie sich die Welt in meinem Ausdruck manifestiert. Und wie bereits geschildert gilt das nicht nur für mich. Ich glaube schon, dass wir wichtigere Probleme haben als das generische Maskulinum. Ich glaube aber auch, dass es letztlich unmöglich ist, Probleme ihrer Schwere nach zu kategorisieren. Nach wessen Maßstäben soll das passieren? Außerdem ist doch ein extrem drängenderes Problem, gegen das man im Moment nichts tun kann, kein Argument dafür, ein drängendes Problem, das man recht einfach lösen könnte, links liegen zu lassen. Überdies glaube ich eben auch, dass Sprache mehr ist als nur Kommunikationsmittel. Kübra Gümüşay schreibt in ihrem Buch *Sprache und Sein*, das sich ganz genau mit diesem Glaubenssatz beschäftigt und eindrücklich zeigt, wie all unser Denken und unsere Wahrnehmung der Welt mit Sprache verknüpft ist:

> »Wenn Sprache unsere Betrachtung der Welt so fundamental lenkt – und damit auch beeinträchtigt –, dann ist sie keine Banalität, kein Nebenschauplatz politischer Auseinandersetzungen. Wenn sie der Stoff unseres Denkens und Lebens ist, dann müsste es selbstverständlich sein, dass wir uns immer wieder fragen, ob wir einverstanden sind mit dieser Prägung.«[98]

Täglich werden Menschen in der Sprache unsichtbar gemacht, die auch sonst um ihren Platz im öffentlichen Raum kämpfen müssen. Ihnen ganz einfach ein bisschen sprachlichen Raum zu geben, indem man sie mitberücksichtigt, indem man die Realität abbildet und in manchen Kontexten vielleicht sogar Sprache in eine Lücke setzt, die noch Realität werden könnte (und sollte), halte ich nicht für übertrieben. Ich halte es für eine Methode, auch die Belange der Unsichtbaren sichtbar zu machen. Ich halte es für eine Möglichkeit, die Realität zu gestalten als aktive Handelnde, denen nicht länger nur erklärt wird, wer sie sind und wie sie zu fühlen haben. Ja, damit hilft mein Sternchen vielleicht auch irgendwann der alleinerziehenden Mutter, der obdachlosen trans Frau oder der nichtbinären Person, die tagtäglich ihre eigene Existenz in Zweifel gezogen sieht. Denn es ist eine Möglichkeit, der Struktur, die Mansplaining zugrunde liegt, etwas Aktives entgegenzusetzen. Um hier ein Beispiel für die Wirkmächtigkeit dieser Methode anzuführen: Wenn bei einer Stellenausschreibung nach einem Geschäftsführer (m/w/d) gesucht wird, schätzen diejenigen, die das Einstellungsgespräch führen, weiblich gelesene Bewerber*innen als weniger kompetent ein, als wenn sie wissen, dass ein*e Geschäftsführer*in gesucht wird.[99] Verrückt, oder? So eine Beförderung könnte ja zumindest im westlichen Kapitalismus doch sehr entscheidend das Leben einer einzelnen FINTA Person ändern. Und, liebe Verteidiger*innen der schönen deutschen Sprache, wenn das alles gar nicht so wichtig ist, warum regt ihr euch dann eigentlich so auf?

Die imaginäre Diskussion könnte ich hier in dialektischer

Manier seitenlang weiterführen, ich würde behaupten, mir wurde zu diesem Themenkomplex schon so viel Hanebüchenes erklärt, dass ich mittlerweile auf jedes Argument ein Gegenargument habe. Um aber beim Thema zu bleiben: Ob man nun mit Sternchen, Doppelpunkt, generischem Femininum* oder neutralen Endungen gendert – es ist ein Instrument, sich Raum zurückzuholen. Die rein männliche Sprachform ist eine weitere Art zu sagen: »Nur ich habe hier Platz«, und FINTA auch in dem System, über das unser Zusammenleben hauptsächlich funktioniert, keinen Raum zuzugestehen. Dass es einen Unterschied macht, ist wissenschaftlich erwiesen. Wer dennoch erklären möchte, dass geschlechtersensible Sprache der falsche Ansatz und überdies eine übertriebene Lösung für ein geringfügiges Problem sei, begeht damit einen klassischen Henry Higgins. Dieser androzentrische Ansatz eines Weltbilds hat oftmals verheerende Folgen. Womit wir noch mal bei der ersten Frage meines imaginierten Diskussionspartners wären: Gibt es keine wichtigeren Probleme? Doch, doch, die gibt es. Aber sie hängen zusammen mit allen anderen Mosaiksteinchen. Diese Welt gesteht FINTA nämlich nicht nur sprachlich keinen Raum zu, auch in der Naturwissenschaft, konkret in der Medizin, kommen all jene zu kurz, die kein etwa 70 Kilo schwerer, weißer cis Mann sind. Die Blindheit an der Stelle, an der alle anderen Menschen stehen, bezeichnet den Gender Data Gap. Dass

---

* Was ist da los, Jungs? Fühlt ihr euch bei Pilotinnen, Lehrerinnen und Ärztinnen plötzlich doch nicht mitgemeint? Ja, hm, vielleicht könnte sich das umgekehrt ähnlich anfühlen, was meint ihr?

FINTA in medizinischen Studien unterrepräsentiert sind, ist leider die Regel. Sogar bei Tierversuchen sind 70 Prozent der Mäuse und Ratten männlich, selbst dann, wenn Medikamente getestet werden, die Personen zukommen sollen, die von der Medizin ausschließlich weiblich gelesen werden.[100] So lautet die Regel. Und dass diese Regel tatsächlich ein Problem für mehr als die Hälfte der Weltbevölkerung darstellt, zeigt sich immer wieder. Schade, wenn dann die Entscheidungsträger*innen noch immer zum Großteil männliche Henry Higginse sind, die nicht sehen, wo jetzt noch mal das Problem liegt.

Herz-Kreislauf-Erkrankungen sind in Deutschland zum Beispiel noch immer die Haupttodesursache für Frauen. Die meisten Menschen, die an Herzinfarkten sterben, werden weiblich gelesen. Dass weiblich gelesene Menschen häufiger am Infarkt sterben, hat auch damit zu tun, dass die klassischen Symptome wie Brustschmerzen, Taubheit im linken Arm und Atemnot nur etwa bei der Hälfte der Betroffenen auftreten. Dadurch gehen FINTA oft erst später ins Krankenhaus, wo sie aufgrund der noch immer vorherrschenden Wissenslücken des medizinischen Personals auch noch häufig fehldiagnostiziert werden. Die Todesursache von über 3500 FINTA pro Jahr ist also in gewisser Weise unter anderem einer Medizin geschuldet, die weiße cis Männer zur Norm gemacht hat.[101] Haben wir wichtigere Probleme? Ich weiß nicht. Leben finde ich schon ziemlich wichtig. Übrigens erhöht sich die Chance für eine weiblich gelesene Person zu überleben entscheidend, wenn sie von einer Ärztin behandelt wird. Die ist dann nämlich nicht damit beschäftigt, ihrer*m Patient*in zunächst zu erklären, dass es sich wahrscheinlich um Stress, Hormone und anderen hysterischen Weiberkram handelt.[102]

Dass hysterische Weiber in der Wahrnehmung medizinischer Mansplainer natürlich auch keine Ärztinnen sein können, habe ich einmal sogar live miterlebt. Ich fuhr im ICE und saß gerade im Bordbistro, als ein von mir als Mann gelesener Anzugträger einen plötzlichen Zusammenbruch erlitt. Das Personal rief also einen »Arzt« aus, es kam aber eine Ärztin. Sie brachte den Mann in die stabile Seitenlage und begann, ihn zu behandeln. Kaum hatte sie damit angefangen, eilte ein weiterer Arzt herbei, kniete sich nieder, schob seine Kollegin hastig beiseite, und auf ihre Nachfrage, was das solle, meinte er: »Ich bin Arzt, vielen Dank, Sie können zur Seite gehen.« Er hatte automatisch angenommen, dass die Frau höchstens Krankenschwester, ausgebildete Ersthelferin oder sogar einfach nur Wichtigtuerin sei. Sie klärte den Irrtum auf und fuhr fort, den Mann zu behandeln. Genau da kam tatsächlich ein zweiter Mann, der sich wieder bedankte, sein verspätetes Ankommen mit dem langen Weg entschuldigte und ebenfalls versuchte zu übernehmen: »Danke, das haben Sie sehr gut gemacht, aber jetzt ist ein Arzt da.« Von Freundinnen aus dem Medizinbereich weiß ich, dass es gar nicht so unwahrscheinlich gewesen wäre, wenn sich die Situation noch einige Male wiederholt hätte. In diesem konkreten Zug befanden sich wohl keine weiteren Ärzte oder Ärztinnen, jedenfalls durfte die Medizinerin schließlich ihre Arbeit machen. Ob sich das Verhalten der beiden Ärzte geändert hätte, wenn »ein Arzt oder eine Ärztin« ausgerufen worden wäre, lässt sich hier natürlich nicht bestimmen. Dass das Geschlechterverhältnis in der Situation auffällig war, ist aber sicher kein Zufall. Ich glaube nicht, dass der erste Arzt einen Kollegen, der mit derselben Selbstverständlichkeit am Patienten agiert hätte, so ohne Weiteres zur Seite geschoben hätte. Wie weitreichend die Vorstellung ist, FINTA hätten in der Medizin weder als Patient*in noch als Ärzt*innen Platz, konnte man auch während der Corona-Pandemie ganz wunderbar beobachten. Eine Sendung blieb mir und anderen aufmerksamen Zuschauer*innen dabei besonders im Gedächtnis: Im Frühjahr 2021 saß Virologin Prof. Melanie Brinkmann im ZDF-Talk bei Markus Lanz und versuchte, einen einzigen ihrer wichtigen Sätze zu Ende zu bringen. Die Männerrunde um sie herum war das nicht gewohnt. »Ich rede jetzt!«, sagte sie gefasst zu Lanz, als der sie ein weiteres Mal unterbrechen wollte, um zusammenzufassen, was sie gerade gesagt hatte, oder ihr ohne Expertise zu widersprechen. Und: »Jetzt Sie nicht auch noch von links!«, meinte sie zu Wolfgang Kubicki, der ihr ebenfalls ins Wort fiel. So weit, so normal. Es war nun mal eine Talksendung, zivilisiertes Gesprächsverhalten ist in solchen Formaten nicht unbedingt an der Tagesordnung oder auch nur gefragt. Jemand fällt ständig ins Wort und unterbricht, jemand anders erbittet sich das Wort zurück, weist darauf hin und möchte ausreden. Das passiert in solchen Runden ständig. Interessant war, was danach passierte: Fast eine Minute lang ging es dann nämlich nicht weiter, weil die gekränkten Egos wichtiger Politiker und Moderatoren erst mal damit umgehen mussten, dass da gerade eine Frau ihren Platz in der Arena eingefordert hatte. Hilfloses Lachen, beleidigte Kommentare (»Sagen Sie Bescheid, wenn Sie mich wieder brauchen«), paternalisierende Ratschläge (»Lassen Sie sich nicht aus dem Konzept bringen!«) und eine Expertin, die zu ihrem Wissen und ihrer klaren Kommunikation nun auch noch sympathisch, bestenfalls entschuldigend darauf eingehen musste, dass sie auch mal was sagen, ja vielleicht sogar besser wissen wollte. Eine Virologin mit Meinung, das war nicht nur Markus* Lanz ein bisschen zu viel, auch für den deutschen Wohnzimmerpeter, der sich doch nach einigen Monaten Pandemie gerade selbst zum Experten aufgeschwungen hatte, musste das eine arge Zumutung darstellen. Neben den üblichen harmlosen Monologen, die cishet Dudes meist einfach ein bisschen selbstüberzeugter zum Besten geben können und die den ein oder anderen Raum ja auch wirklich überzeugt, sie seien selbst »somewhat of an expert«, nahm das Gerede alter weißer Männer während der Maßnahmen gegen COVID-19 aber auch sehr unangenehme Züge an. Bei den großen Demonstrationen gegen die Maßnahmen liefen sie nicht nur neben bekennenden Neonazis und gefährdeten durch die Nichteinhaltung der Sicherheitsmaßnahmen die gesamte Bevölkerung, sie schlossen sich auch besonders häufig gefährlichen Verschwörungsmythen an. Von stark antisemitischen Lügen über altbekannte Echsenmenschtheoreme bis zu kinderbluttrinkenden Politiker*innen im Untergrund, Bill Gates als Kopf der Weltverschwörung und Impfstrahlungen war im Spektrum der »Schwurbler*innen« alles dabei. Woran es

---

* Offensichtlich sind hier nicht ALLE Männer gemeint, Hans-Jürgen. Das wäre ja was, wenn alle, alle alten weißen Männer zusammen mit Nazis auf die Straßen gehen würden…

liegen könnte, dass darunter so viel häufiger cis Männer als FINTA waren? Die Historikerin Hedwig Richter vermutet:

> »Ich denke, dass das sehr viel mit der Krise der Männlichkeit zu tun hat und dass es in gewisser Weise auch Parallelen gibt dazu, dass Männer eher bereit sind, radikale und extremistische Parteien zu wählen.«[103]

Für Männer, resümiert sie weiter, sei es viel schwerer zu akzeptieren, dass sie manche Dinge nicht verstehen könnten. Mansplaining ist eben mehr als ein nerviges, zu vernachlässigendes Alltagsphänomen. Die Praxis, alles immer besser wissen zu müssen, trägt entscheidend zum toxischen Männlichkeitsbild bei – und in einer Welt, in der das nicht möglich ist und immer öfter auch aufgedeckt oder durch gewiefte Professorinnen wie Brinkmann sogar öffentlich bewiesen wird, gerät dieses Bild immer mehr ins Wanken. Verschwörungsmythen waren in dieser Zeit der Unsicherheit und Einschränkungen eine leichte Möglichkeit, doch noch die Oberhand zu gewinnen. Virologie ist ein ziemlich kompliziertes Themenfeld, Politik in Extremsituationen wird auch nicht aus dem Ärmel geschüttelt, und dann war das mit Corona noch alles neu und entwickelte sich ständig... wie gut, wenn man da einen YouTube-Kanal hat, der überzeugend erklärt, dass all das nur Unsinn und eigentlich ganz einfach sei. Wie erleichternd, wenn es eine*n Schuldige*n gibt! Wie gut, wenn man letztendlich eben doch noch erklären und monologisieren kann. Logik ist dabei zweitrangig, aber auch das ist ja aus anderen Mansplainkontexten bekannt. Als ein Mann, der mich aus einer Position bequemer Überlegenheit heraus wissen ließ, dass Corona keine wirklich schlimme Krankheit sei,* nicht mehr weiterkam, weil ich ein bisschen zu lästig nach seinen Quellen fragte, erklärte er mir mit ernstem Gesicht, ich müsse mir doch Christian Drosten nur mal auf spiritueller Ebene ansehen, dann wüsste ich ja, was ich von seinem Gerede zu halten hätte. Dagegen lässt sich natürlich schwer argumentieren. Tadaa, Mansplaining-Gleichgewicht wiederhergestellt!

Dabei müssten es sich die Arenakämpfer gar nicht so schwer machen. Schwurbeln und Veganismus† sind ja gesellschaftlich gar nicht besonders geachtet, es gibt so viel leichtere Möglichkeiten, FINTA Personen den öffentlichen Raum und ihr Selbstbestimmungsrecht zu entziehen. Die WHO hat erst kürzlich einen davon ganz neu geebnet. Im ersten öffentlichen Entwurf ihres *Global alcohol action plan 2022–2030 to strengthen implementation of the Global Strategy to Reduce the Harmful Use of Alcohol* hatte sie im Sommer 2021 nämlich eine Empfehlung ausgesprochen, die in den sozialen Medien einige Empörung hervorgerufen hat:

> »Angemessene Aufmerksamkeit sollte der Verhinderung des Beginns des Alkoholkonsums bei Kindern und Jugendlichen sowie der Verhinderung des Alkoholkonsums bei schwangeren Frauen und Frauen im gebärfähigen Alter gewidmet werden.«[104]

---

* Ich möchte mich nicht selbst zum Henry Higgins machen, aber ich zumindest fand's relativ schlimm. Und die Hinterbliebenen der Verstorbenen würden wahrscheinlich auch nicht hundertprozentig zustimmen.

† Wegen Attila Hildmann ... verstehste?

Nun unterstütze ich den Kampf der WHO gegen Alkoholmissbrauch voll und ganz. Weil ich im Laufe des Buchs und meines Lebens als Frau, die es wagt, Raum einzunehmen, vermutlich sowieso schon Zielscheibe des Hasses geworden bin, wage ich es hier sogar zuzugeben, dass ich persönlich auch ziemlich gut damit leben könnte, wenn es gar keine alkoholischen Getränke gäbe. Trotzdem hat mich diese Empfehlung wütend gemacht. Frauen im gebärfähigen Alter. Diese Formulierung ist, was als so große Unverschämtheit empfunden wurde. Um mit den Basics zu starten: Nicht nur Frauen können gebären. »Indem die WHO alle Frauen – für 40 Jahre ihres Lebens – als wenig mehr als Behälter behandelt, reduziert sie Frauen auf wenig mehr als ihre reproduktiven Fähigkeiten«, stellt die Geschäftsführerin des British Pregnancy Advisory Service (BPAS), Clare Murphy, in einer Pressemitteilung fest. Denn was ist mit den Frauen und Menschen mit Gebärmutter, die gar keine Kinder bekommen können oder – das Patriarchat verhüte (oder eben gerade nicht)! – gar wollen? Was ist mit all den Menschen, die keine sexuelle Beziehung zu einem Menschen mit Penis pflegen und aus diesem Grund zwar »im gebärfähigen Alter«, aber sicherlich nicht potenziell demnächst gebärend sind? Und selbst wenn beides doch zuträfe: Wieso wird Männern, die deutlich stärker von Alkoholismus und vor allem schadhaftem Verhalten im alkoholisierten Zustand betroffen sind, zugetraut, ihren Konsum dennoch selbst zu kontrollieren, aber »Frauen im gebärfähigen Alter« nicht? »Es ist äußerst beunruhigend zu sehen, wie die Weltgesundheitsorganisation die hart erkämpften Rechte der Frauen aufs Spiel setzt, indem sie versucht, ihre Körper und Entscheidungen auf diese Weise zu kontrollieren«, fährt Murphy fort. »Das Narrativ, dass Frauen daran gehindert werden müssen, ein Risiko für Föten darzustellen – selbst für solche, die gar nicht existieren –, wird auf der ganzen Welt verwendet, um Frauen, die während der Schwangerschaft Entscheidungen treffen, zu überwachen und zu kriminalisieren.«[105] Erklär mir meinen Körper, Mann! Erklär mir mein Konsumverhalten! Erklär mir meine Funktion in der Gesellschaft! Ich habe mal ganz »frech« eine These aufgestellt, die man mit der verfügbaren Datenlage nicht komplett verifizieren kann, meiner Ansicht nach aber naheliegt: An dem Aktionsplan haben nicht besonders viele Menschen, die weiblich gelesen und im »gebärfähigen Alter« waren, mitgeschrieben.*

Denn die hätten ja eventuell selbst gewusst, wo dieser Entwurf nicht passt und welche Probleme da auf sie zukommen. So müssen wir es uns leider wieder erklären lassen von Typen, die sich selbst ganz wohlfühlen in der Arena und nicht einsehen, warum sie irgendwo Platz machen sollten. An der Cocktailbar, in der U-Bahn, in der Medizin oder in der Riege deutscher Dichter und Denker.

---

* Ein Blick in den Vorstand bestätigt, dass das realistisch ist.

9. Kleiner Mann, was nun?
Wie man nicht reagieren sollte und andere konstruktive Vorschläge, mit Mansplaining umzugehen

Typisch Feministin, oder? Kapitelweise hab ich jetzt also gejammert, Zahlen und Daten aufgelistet, was alles falsch läuft, den armen alten weißen Mann und alle, die ihm ähnlich sehen, in verschiedenen Anekdoten durchs Dorf getrieben, mehr als einmal Menschen namens Peter, Michael, Markus, Andreas und Dieter quasi persönlich angegriffen, aber von konstruktiven Vorschlägen fehlt mal wieder jede Spur!

Sorry not sorry geschenkt – als junge Frau, die durch die Schule des Patriarchats gegangen ist und täglich dazulernt, möchte ich diesen Vorwürfen freilich in vorauseilendem Gehorsam etwas entgegensetzen. Ich werde jetzt versuchen, ein ganzes letztes Kapitel lang (fast) nur konstruktiv zu sein und handlungsorientiert für eine bessere Zukunft zu schreiben.

Ob nun aus falsch verstandener ausgleichender Gerechtigkeit, feministischem Trotz oder eben doch einfach Männerhass: Auch dieses Kapitel widme ich dabei vor allen Dingen den FINTA Personen unter meinen Leser*innen. Für cis Männer habe ich nur einen einzigen, dafür sehr wichtigen Ratschlag übrig. Weil ich es aber so richtig genießen möchte, den Spieß umzudrehen, spare ich mir den bis ganz zum Schluss auf.*

Für alle anderen† möchte ich zusammenfassen, was denn

---

* Dieter, wenn du zu diesem Zeitpunkt wirklich IMMER NOCH mitliest, hast du ehrlich meinen ganzen Respekt. Der Großteil ist geschafft!

† Okay, Jungs. Jetzt mach ich doch noch mal kurz sowas Weibliches: zurückrudern nämlich. Weil es ja gar nicht stimmt. Die Tipps sind natürlich überwiegend auch dann gut, wenn man ein sehr netter cis Typ ist und von einer sehr anstrengenden FINTA Person zugelabert wird. Einfach Privilegiengefälle mitbedenken, dann könnt ihr das auch an-

nun helfen könnte gegen all die ungefragten Ratschläge, die unnötigen Erklärungen, die unverschämten verbalen Angriffe und die ständige Notwendigkeit, sich Raum im Gespräch und in der Welt erkämpfen zu müssen. Vielleicht liegt es daran, dass ich kein cishet Mann bin, aber einen Vorschlag, der mit hundertprozentiger Sicherheit funktioniert, habe ich nicht. Wenn ich ein Patentrezept gegen Mansplaining und alles, was damit zusammenhängt, hätte, müsste ich dieses Buch ja vermutlich gar nicht schreiben. Was ich habe, sind Ansätze. Manche helfen vielleicht tatsächlich, andere machen wenigstens Spaß.

Ein solcher stammt von Margarete Stokowski. Sie widmete unserem Thema einst eine Kolumne, die nicht mit »Mansplaining« überschrieben war, sondern mit dem schönen Titel: »Ich melde mich, wenn ich einen geonkelt kriegen möchte.«

Darin erzählte sie von einer Erfindung aus Japan: Dort kann man sich nämlich einen Onkel mieten, einen mittelalten Mann ohne jede psychologische Ausbildung, der den wildfremden Kund*innen Ratschläge gibt. Das allein ist freilich noch keine Lösung. Nur weil man Geld für etwas ausgibt, in dessen Genuss man sonst kostenlos käme, wird es ja noch nicht besser. Stokowski hat aber die Idee, diese Kapitalisierung einer nervigen Sache für sich zu nutzen: Wann immer man im Alltag gemansplaint wird, könnte man darauf verweisen, dass man diesen Dienst gerade weder gebucht hat noch buchen möchte.

---

wenden! Und ihr wisst ja: Als Allies seid ihr ohnehin immer willkommen.

»Das geht so: Übungsdialog zur Vermeidung von Über-Onkelung:
Mansplainer: ›Was ich also die ganze Zeit sagen will, ist, dass du wirklich dringend …‹
Person A: ›Hab kein Geld mit, sorry.‹
Mansplainer: ›Was?‹
Person A: ›Ich kann deine Onkel-Dienste nicht bezahlen.‹
Mansplainer: ›Oh, das musst du nicht! Ich erkläre es dir so. Dein Problem ist …‹
Person A: ›Nein danke, das kann ich nicht kostenlos annehmen, das ist ein zu wertvoller Dienst. Und ich hab ja noch nicht mal was gebucht. Ich melde mich, wenn ich einen geonkelt kriegen möchte.‹
Bei Bedarf wiederholen. Fertig. **«**[106]

Seien wir ehrlich: Das ist eine sehr lustige Vorstellung, könnte in der Realität aber eher dazu führen, als nicht zurechnungsfähig zu gelten, als dass man damit wirklich einen Mansplainer loswird. Andererseits: Einen Versuch ist es wert.

Für manch andere*n ist vielleicht die – zunächst geschlechtslose – Gesprächsmethode von Psychologin Miriam Kegel zielführender: Sie empfiehlt, die Taktik des Mansplainers klar anzusprechen. Wenn das Gegenüber unterbricht, sollte man zum Beispiel sagen: »Entschuldigung, du hast mich gerade unterbrochen.«* Wenn man ungefragt Tipps

---

* Lustig, dass sie das mit einer Entschuldigung einleitet. Ich würde hier ja ergänzen, dass statt dem Eingestehen der eigenen Schuld etwas wie »Excuse YOU« ganz angebracht wäre.

bekommt, wäre eine gute Reaktion: »Danke für die Tipps, mir wäre es aber gerade wichtiger gewesen, dass du mir aufmerksam zuhörst.«* Laut Kegel wird so vielen Besserwissern erst bewusst, was sie eigentlich tun.[107]

Das Problem, das ich bei diesem Vorgehen mit dem höflichen Danke und Entschuldigung habe, bestätigt auch ein Artikel auf *Pinkstinks*. Darin wird genau davon abgeraten:

> »Bei Begegnungen mit Mansplainern gilt: Auf keinen Fall reflexartig oder um des lieben Friedens willen für die ungefragte Erklärung bedanken. Dadurch fühlt sich der Erklärende nämlich in seiner Überlegenheit bestätigt.«[108]

Stattdessen hält es das feministische Magazin *Pinkstinks* für hilfreich, immer weiter und tiefer nachzufragen, bis das Halbwissen als solches zum Vorschein kommt und man »höflich und elegant, aber effektiv« die eigene Kompetenz ins Gespräch einstreuen kann.

Auch diejenige Methode wird genannt, die ich angewandt habe, bis mir empfohlen wurde, Drosten auf spiritueller Ebene zu betrachten: immer wieder nach Quellen und Expertise fragen! »Woher weißt du so viel über dieses Thema?« oder auch »Cool, hast du das also (auch) studiert?«

---

* Schon wieder so eine weiblich sozialisierte Methode. In meinen Augen kann man das Danke auch weglassen, wenn man es so gar nicht ernst meint.

könnten Fragen sein, die vielleicht im ersten Moment nicht mal als entlarvende Taktiken erkannt werden, den Mansplainer aber zumindest sanft in Richtung Reflexion stupsen.

Der Artikel hat auch einen Tipp auf Lager, der eher in Richtung »macht wenigstens Spaß« geht. Im 80er-Jahre-Film *Didi, der Doppelgänger* tauchen die drei Phrasen »Ich brauche mehr Details«, »Das ist nur Ihre Meinung« und »Schreiben Sie's auf, ich beschäftige mich später damit« auf, die man natürlich ganz wunderbar auch jedem mittelalten Heinrich entgegenschleudern kann, der gerade zu einer nutzlosen oder überflüssigen Erklärung ausholt, vor allem, wenn der den Film kennt.[109] Die Hoffnung besteht, dass er das vielleicht sogar mit Humor nehmen kann.

Was aber, wenn nicht? Ich finde nicht, dass FINTA die Verantwortung für die Gefühle eines unsensiblen und eigentlich übergriffigen Gesprächspartners übernehmen müssen. Ich weiß aber auch, dass sie es oft tun und es Kapazitäten kosten kann, sich auch davon abzugrenzen. Ich weiß auch, dass Mansplaining oft im Kontext eines sehr steilen Machtgefälles stattfindet. Wie beispielsweise dem Chef oder dem Professor entgegnen, von dem vielleicht der eigene Job oder die wissenschaftliche Karriere abhängt?

Ich glaube, dieses Dilemma kann man als betroffene Person nicht vollends lösen. Es wäre doch sehr utopisch, dass eine schlagfertige Antwort die gesamten Verhältnisse umkehrt, und ich habe vollstes Verständnis für jede*n, der*die den vermeintlich einfachen Weg wählt, einer nahestehenden FINTA Person den Blick zuwirft, lächelt und nichts sagt. Ich bin aber auch sicher, dass wir besagtes Dilemma nicht lösen, wenn wir weiter Vermeidungsstrategien fahren. Es darf also herumprobiert werden. Wir leben nicht im rechtsfreien Raum, und solange man selbst tunlichst darauf achtet, die Grenzen des Erlaubten nicht zu verlassen, darf man auch dem eigenen Chef gegenüber klar und deutlich sagen: »Sehen Sie, ich habe einen Doktortitel in diesem Gebiet und Sie nicht.« Oder eben eine Melanie Brinkmann machen* und klar und bestimmt den Raum einfordern, der einem zusteht: »Jetzt rede ich.« Eine Diskriminierung aufgrund dessen, dass man für sich selbst eingestanden ist, ist ganz sicherlich mühsam nachzuweisen, ich könnte mir aber vorstellen, dass es sich »on the long run« lohnt. Nicht nur für uns selbst.

Wenn man Anlass hat, ein bisschen mutiger zu sein, weil die Mansplainer beispielsweise nur im Netz sind oder auf einer ähnlichen gesellschaftlichen Ebene stehen und somit kaum Macht über die gemansplainte Person haben, darf man auch ein wenig unhöflicher werden und klar zeigen, dass man das Verhalten für unverschämt und verletzend hält. »Jetzt halt doch mal die Klappe!«, wirkt in Extremfällen Wunder, denn damit rechnet Anzug-Jörg wirklich überhaupt nicht. Etwas charmanter, weil witziger, klappt es mit einer gezielten Nachfrage: »Anderes Thema: Weißt du, was Mansplaining ist? Ich erklär dir das mal, ja?« Vielleicht versteht das Gegenüber sogar nach der Erklärung, warum diese gerade aus heiterem Himmel ins Gespräch eingebracht wurde.

Wenn man andere FINTA Personen um sich hat, eig-

---

* Können wir diese Redewendung bitte etablieren? »Eine Melanie Brinkmann machen«? Alternativ könnte man auch jemanden ganz international »Kamala Harrisen«.

net sich diese mögliche Allianz übrigens nicht nur für den Blick oder um später lachen zu können. Ein ganz wunderbares Vorgehen gegen jede Form der Herabwürdigung anderer FINTA ist die Solidarität, das Füreinandereinstehen. Diese Form von intersektional feministischem Handeln ist mit die wichtigste. Hier sind übrigens cis männliche Allies genauso angesprochen wie gleichsam betroffene FINTA Personen. Wenn man mitbekommt, wie eine andere Person gerade in einen Strudel aus unnützen Tipps, paternalisierenden Erklärungen und ungefragten Ratschlägen gezogen wird, ist es von Vorteil, diese Person in ihrer eigenen Wahrnehmung zu stärken. Die toxische Bro-Culture, die einzelnen cis Männern jedes Fehlverhalten ermöglicht und dafür sorgt, dass es entschuldigt oder heruntergespielt wird, kann im Zusammenschluss von FINTA ein Äquivalent finden: Wenn sich Arbeitskolleg*innen zusammentun, um Hepeating oder die Aneignung von Ideen outzucallen, bilden sie damit eine lautere Stimme, die schwerer zu überhören ist. Mit der positiven Verstärkung, sogenannter Amplification, verhält es sich dabei genauso.

Alternativ, und gerade wenn man alleine gegen einen Hobby-Onkel vorgehen muss, kann ich auch sehr empfehlen, das Verhalten zu spiegeln. So etwas kann ohnehin heilsam sein, um sich ein Stückchen Arena zurückzuerobern. An manchen Tagen beschließe ich zum Beispiel, auf der Straße nicht auszuweichen.* Die Selbstverständlichkeit,

---

* Natürlich nicht totalitär. Einem Kinderwagen oder einer mobilitätseingeschränkten Person würde ich ausweichen. Aber Männern, die genauso auf mich zukommen wie ich auf sie, eben nicht.

mit der Oberschichtmänner erwarten, dass man ihnen Platz macht, ist absurd und falsch, und ich finde, man muss sie darin herausfordern. Das ist mir den ein oder anderen Rempler wert. An solchen Tagen mache ich dann auch selbst Spagattraining in Bussen und Bahnen, wenn es sich anbietet. Die Blicke der Typen, die mir gegenüber dasselbe Verhalten an den Tag legen, sind unbezahlbar! Und wenn mir dann noch jemand von oben herab etwas erklären will, was ich wirklich, wirklich selber weiß, drehe ich den Spieß um. Bei notorischen Mansplainern kann man das zur Intervention auch schon mal ohne konkreten Anlass machen. Es ist herrlich zu sehen, wie man erfahrene cis Männer verwirren kann, wenn man ihnen umgekehrt leichteste Handgriffe ausführlich erklärt oder sich einfach kompetenzlos ins Gespräch mischt. Ich empfehle hierzu, den Telefon-Move zu Beginn des letzten Kapitels nachzuahmen. Wichtig ist nur, ernst dabei zu bleiben! Ich habe so wahrhaftig einen nie enden wollenden Quell des Amüsements für mich entdeckt.

Falls diese Intervention auf einen konkreten Mansplain-Anlass folgt, kann man die Verwirrung natürlich aufgreifen. Das könnte so ablaufen:

»Warum erklärst du mir, wie man ein Telefon benutzt?«
»Na ja, ich dachte so als Gegenleistung. Du hast mir doch gerade erklärt, wie man ein Straßenbahnticket stempelt.«
»Ja, ich dachte, das hilft dir!«
»Eben. Und ich dachte, ich helfe zurück. Jetzt sind wir beide klüger.«

Eine ganz ähnliche Strategie kann man auch in der direkten Reaktion fahren. Wir stellen uns vor: Ein Mansplainer hat gerade einen belehrenden Kommentar zu einer komplett offensichtlichen, vielleicht sogar alltäglichen Sache gemacht. Wie lange man Nudeln kochen muss zum Beispiel. Statt gequält zu lächeln, reißt man an dieser Stelle erstaunt die Augen auf und fragt entgeistert: »Das hast du gerade erst gelernt?« Oder man bleibt gelassen und fragt nur verwundert: »Und das wusstest du nicht?«

Der Mansplainer wird sichtlich irritiert sein. Natürlich wusste er das! Er ist doch nicht dumm! Diesen Moment der Verwirrung, fellow FINTA, nutzen wir, um zurückzuschlagen: »Warum bist du dann davon ausgegangen, dass ich es nicht weiß? Ich bin doch schließlich auch nicht dumm, oder?«*

Vielleicht eröffnet sich über so eine Reaktion sogar der Raum für ein ernsthaftes Gespräch. Ich bin große Verfechterin von guten Gesprächen, auch solchen, in denen man wirklich noch was voneinander lernen kann. Die Erfahrung zeigt nur, dass der erfahrene Mansplainer zu einem echten Gespräch oft gar nicht bereit ist. Zu ungleich sind die Positionen, zu kräftezehrend die Methoden, die er anwendet, sein*e Gesprächspartner*in klein zu halten und zu machen. Ein gezieltes Unterbrechen dieser Methoden kann es im günstigsten Fall schaffen, dass man sich doch noch auf Augenhöhe befindet und dann wirklich miteinander

---

* Wobei ich auf diese Zuschreibung verzichten würde, wenn der Mansplainer sie nicht selbst ins Feld führt. Mit Intelligenz hat diese Unverschämtheit nämlich wirklich nur sehr peripher zu tun.

reden kann. Das wäre mein Wunsch: Dass wir möglichst viele Situationen schaffen, in denen sich nicht zwei Feindbilder, der alte weiße Mann und die wütende linksgrün abgedrehte feministische Person, gegenüberstehen, sondern zwei Menschen, die einander von ihrer Sozialisation, ihren Ängsten und Erfahrungen erzählen können. Die sich verletzlich zeigen dürfen und sich weiterentwickeln.

Wo all diese Methoden nicht greifen, zu gefährlich erscheinen oder zu viel Energie fordern, habe ich noch einen letzten Ratschlag: How about not giving a damn?

Das klingt jetzt ein klein wenig nach einem paternalisierenden »Dann kümmere dich doch einfach nicht drum!«, als ob Ignoranz das Problem lösen würde. Tut sie nicht. Kann aber im Moment selbst sehr befreiend sein. In Gesprächen mit cis Männern, auch solchen, die ich sehr mag, wird mir manchmal gesagt, Feminismus sei mittlerweile zu abgedreht. Wir würden doch den einfachen Mann, der vielleicht einfach nur gut gemeint etwas erklären wollte oder etwas unbeholfen seine Avancen machen, gar nicht mehr abholen. Dann noch diese englischen Begriffe und komplexen Konzepte, über die sich noch nicht mal alle Vertreter*innen des Feminismus einig sind,* das sei einfach alles zu viel. Das ist je nach Freundlichkeit und Motivation beim Vortrag die light Version von »Erklär mir

---

* Und gleichzeitig total. Das ist aber ein anderes Thema. We should all be feminists, denn letztlich profitieren wir davon alle. Auch und gerade cis Männer! Das ist meine tiefe Überzeugung. Trotzdem kommen cis Männer in dieser Welt gerade auch so irgendwie klar, die Fronten, an denen sie kämpfen müssen, sind oft anderer Natur. Ich glaube, es ist schon okay, dass wir uns im Feminismus gerade erst mal noch auf die Gruppen konzentrieren, die weniger privilegiert sind.

meinen Feminismus« und »Selber schuld«. Käufer von: »Da braucht man sich ja nicht wundern, wenn Männer das nicht unterstützen« interessierten sich auch für: »Da braucht man sich ja nicht wundern, wenn sich Männer nicht beherrschen können«.

Ich weiß, es ist schwer zu akzeptieren, auch für die aufgeklärten, netten, feministisch offenen Mittzwanziger, die natürlich schon für Gleichberechtigung sind, aber es geht gar nicht immer nur um Männer. Beim Feminismus zum Beispiel, da geht's gar nicht nur oder in erster Linie um cis Männer. Ja, Einstiegsangebote sind wichtig, Vermittlung ist Arbeit an der Basis, na klar wollen wir alle mitnehmen und sollten ansprechbar bleiben, aber wir müssen nicht immer und ständig auf dem niedrigstschwelligen Niveau kommunizieren. Wenn es innerfeministische Kämpfe auszutragen gibt, Diskurse zu führen und Details zu verhandeln, haben wir das Recht, genau das zu tun – und zwar ohne Rücksicht auf die cishet Männer, die plötzlich selbst am Rand stehen, weil sie noch nicht jedes Mosaiksteinchen verstanden haben. Wenn Mansplainer diesen simplen Fakt nicht sehen wollen und die Verantwortung dafür, als Menschen respektiert zu werden, schon wieder in die Hände von FINTA legen, darf man als Reaktion tatsächlich auch einfach das Gespräch abbrechen und nicht weiter darüber nachdenken. Mit Mansplaining muss man sich beschäftigen, aber nicht immer und nicht in jedem Moment, in dem man gemansplaint wird. Es gibt neben der Konfrontation, dem Aushalten und dem Sich-drüber-lustig-Machen in vielen, vielen Situationen tatsächlich auch die Möglichkeit, wegzugehen, Peter und Johannes einfach stehen zu lassen und bewusst zu entscheiden, sich mit dieser Form von Herabwürdigung jetzt gerade nicht auseinanderzusetzen. Die Anspruchshaltung der nun doch zur Genüge beschriebenen Männer ist omnipräsent und omniimpertinent.* Gar nicht darauf einzugehen ist unter Umständen die größte Verteidigung von allen. Es erscheint mir manchmal so, als sei für weiße, reiche cis Männer die ganze Welt ein Großraumbüro, dessen Vorstand sie selbst sind. Einen cis Mann, der also in seinem imaginären Vorstandsbüro auf seinem imaginären Chefsessel sitzt und darauf wartet, dass Fräulein Müller aus der Buchhaltung vorbeikommt, um sich vor ihm zu rechtfertigen, ganz einfach genau dort sitzen zu lassen kann ein revolutionärer Akt sein. Denn selbst wenn Fräulein Müller mit Latzhose, High Heels und provokanten Tattoos in sein Büro stürmt, ihm das Wort abschneidet und ein für alle Mal klarmacht, dass sie weder ein Fräulein ist noch überhaupt für ihn arbeitet, bestätigt sie ihn letztlich in seinem Wolkenkonstrukt. Jemand, der*die tatsächlich nicht für ihn arbeitet, wäre nämlich auch nicht in sein Büro gekommen, um sich vor ihm zu verantworten.

Die Realität ist oft eine andere, das weiß ich. In der Realität werden FINTA oft wortwörtlich an den Haaren in dieses nonexistente Büro geschleift, in der Realität wird das Büro um sie herumgebaut, bevor sie sich auch nur wehren können, in der Realität warten vielleicht zehn weitere Nicht-Buchhalter*innen auf eine Audienz beim großen Vorstand,

---

* Das Wort hab ich erfunden. Es klingt gut, es klingt klug, es bedeutet: allzeit unverschämt.

und irgendjemand muss ihm sagen, was Sache ist. Aber in den Situationen, in denen man entscheiden kann, die Tür zu seinem Büro nicht mal zu öffnen, weil es sie nicht gibt, kann und sollte man das von Zeit zu Zeit tun. Ich kann bestätigen: Es wirkt unheimlich befreiend.

Für den Mansplainer erscheint es unter Umständen unhöflich, überheblich oder wie ein Zeichen von Eingeständnis und Schwachheit. Aber how about not giving a damn?

Du wolltest mir gerade noch ein bisschen Feedback zum Buch geben, unbekannter Mann, der mich davon abhält, pünktlich zu einer Verabredung zu kommen? Leider, leider interessiert mich das nicht.

Du hast eine Meinung zu meinem Make-up, Typ in der Fußgängerzone mit der fragwürdigen Brillen-Halstuch-Kombination? Ich würde dir ja zuhören, aber I don't care.

Jetzt hast du schon angefangen zu erklären, worauf man bei russischem Zupfkuchen achten muss, Onkel, der gerade den von der Tante gebackenen Zupfkuchen isst und wirklich nicht gefragt wurde? Vielleicht muss ich leider gerade ein Gespräch mit dieser Tante anfangen, weil sie ein bisschen interessanter ist.

Ein auf ungewöhnliche Weise wirksames Mittel gegen Mansplaining ist es, sich selbst wichtiger zu nehmen als die Gefühle eines cis Manns und damit ganz entscheidend gegen das System zu revoltieren, indem genau dieses Verhalten sanktioniert und verhindert werden soll.

Ich habe versprochen, ganz zuletzt auch noch ein Wort an cis Männer zu richten. Ich möchte diesen Ratschlag vorbereiten, schon allein, um auszukosten, dass ich nun denjenigen einen Ratschlag geben werde, die das sonst in ausführlicher Manier bei mir tun. Alles in mir schreit danach, am besten auch noch eine Entschuldigung vorzuschicken – das allerdings werde ich nicht tun.

Stattdessen möchte ich sagen, dass ich fest an die Bereitschaft vieler cis Männer glaube, der Ungerechtigkeit ein Ende setzen zu wollen. Ich bin überzeugt, dass es alte weiße Männer gibt, die bis zu diesem Punkt gelesen haben und meinen Punkt verstehen, dass Mansplaining mehr ist als eine unangenehme Gesprächspraxis, dass es die Grundlage für die eingeschränkte Glaubwürdigkeit weiblich gelesener Personen und damit auch eine generelle Gefährdung ihrer Sicherheit sein kann. Ich glaube daran, dass viele dieser Männer nach Wegen suchen, zur Gleichberechtigung beizutragen und Mansplaining zu beenden, und ich will sie dabei ganz dringend auf meiner, auf unserer Seite haben.*
Ich glaube auch, dass einige ganz andere Ideen haben oder meinen Ansatz für grundfalsch halten. Ich bin überzeugt, viele suchen schon jetzt nach Angriffspunkten, um letzten Endes doch wieder den einzelnen cishet Mann zu entschuldigen und aus der Verantwortung zu nehmen.

Für all diese Typen habe ich einen gut gemeinten Tipp. Es ist ein Ratschlag, der sich aus meiner Expertise, aber auch meiner Lebenserfahrung speist und dabei keinerlei Rücksicht auf die Expertisen und Lebenserfahrungen derer nimmt, an die sich dieser ungefragte Ratschlag wendet. Genial, oder? Ganz im Geiste dieser Praxis werde ich natür-

---

* Ich bin aber nicht bereit, dafür mit sexuellen Gefälligkeiten oder selbst gebackenem Kuchen zu sorgen.

lich auch nicht verraten, von wem ich dieses Verhalten geklaut habe, sondern es gänzlich für mich beanspruchen. Am liebsten wäre es mir sogar, wenn jetzt schon die lesenden Männer zum Gegenargument ansetzen könnten, damit ich sie der Vollständigkeit halber auch noch unterbrechen kann. Und ich würde darum bitten sich vorzustellen, ich hätte dies schreibend die Augenbrauen hochgezogen und sie schon das ein oder andere Mal »Schätzchen« genannt.

Mein Tipp an alle cis Männer, die Mansplaining verringern und verhindern wollen, ist so simpel wie wahr und benötigt folgende Vorbereitungsstufen:

Zuhören. Nachdenken. Reflektieren. Sich zurücknehmen. Bereit sein dazuzulernen. Und dann: Einfach mal die Klappe halten.

Danke

Zwischendurch habe ich daran gezweifelt, ob ich dieses Buch überhaupt schreiben kann. Dann kam ein cishet Mann um die Ecke und wollte mir meine Expertise absprechen, und ich habe wieder Mut gefunden. Danken möchte ich diesem Typen allerdings nicht. Viel eher verdanke ich dieses Buch all den Menschen, die mich gefördert, unterstützt und bestärkt haben.

Mein herzlichster, umfassendster und tiefster Dank geht dabei an meine Lektorin Dr. Marion Preuß, ohne die weder die Idee für dieses spezielle Sachbuch noch ich als Sachbuchautorin existieren würde. Danke fürs unerschütterliche An-mich-Glauben, die Blumen, die Bücher, die Geduld, die Förderung, die Räuber*innenleiter, die Freude, die Präzision und alles andere, was letztlich dazu beigetragen hat, dass ich in diesem Werk einmal so richtig schön das Patriarchat erklären durfte.

Auch dem gesamten Team von Goldmann möchte ich für die Zusammenarbeit und das große Vertrauen danken. Ich kann dieses Geschenk nicht hoch genug schätzen und hoffe, mich dem würdig erwiesen zu haben.

Ganz besonders möchte ich mich auch bei meinem Agenten, Michael Zeiss, von *z management* und dem ganzen Team bedanken. Ohne ihn wäre ich noch an einer anderen Stelle im Leben, und dieses Buch wäre weniger lustig und vielleicht auch gar nicht fertig. Ihm und seinen Mitarbeiter*innen Tanja, Melanie und Robin gebührt daher mein Dank – und das, obwohl er Michael heißt.

Einen großen Dank möchte ich Susanne Umscheid aussprechen für ihre umsichtige Arbeit und Hilfe, dieses Buch sprachlich so inklusiv und präzise wie möglich zu gestalten.

Sophie Wanninger danke ich für die wunderbaren Fotos. Meiner Familie möchte ich für ihre Liebe und ihr Sein danken, das mich inspiriert und zu der Feministin und Person gemacht hat, die ich heute bin.

Mein spezieller Dank geht an Timo Ludwig, der jedes Drama, jede schlaflose Nacht, jeden Nervenzusammenbruch und jeden Freudentanz mitgemacht hat, mich bedingungslos durch diese Zeit hindurch liebt und wahrscheinlich der beste weiße cis Mann der Welt ist.

Wenn wir schon bei Männern sind, möchte ich mich natürlich auch an diejenigen wunderbaren Männer in meinem Leben wenden, die Namen wie Peter, Andreas, Markus und Dieter tragen, die klassische alte weiße Männer sein könnten, und sich entscheiden, es nicht zu sein: Dafür bedanke ich mich selbstredend nicht, aber ich bin sehr froh, sie in meinem Leben zu haben.

Ich möchte all den starken feministischen Stimmen in meinem Umfeld und auch in meinem Bücherregal danken, die zu meiner Feminismusbildung beigetragen haben. Dabei vor allem denjenigen, die mich immer neu auf das hinweisen, was es zu tun gibt, auch in der Arbeit an mir selbst. Danke an die *Slam Alphas*, an die mutigen Autor*innen, Politiker*innen, Dozierenden, Musiktheaterschaffenden, Lehrer*innen, Aktivist*innen und Kabarettist*innen, die gesellschaftliche Grenzen sprengen und sich für eine gerechtere Welt starkmachen.

Zuletzt und mit der größten Herzlichkeit danke ich aber allen Freund*innen, die mich mit wertvollen Impulsen, langen Gesprächen, Testlesungen, Kommentaren, Verbesserungen und ständigen Nachfragen weitergebracht und inspiriert haben. Namentlich genannt werden müssen hier:

Katrin Freiburghaus für ihre klugen Anmerkungen, ihre einfühlsame Kritik, ihre liebevolle Unterstützung und die nächtlichen Schreibkonferenzen, die mir Kraft und Motivation geschenkt haben.

Konstantin Parnian für sein kritisches Hinterfragen, das Recherchematerial, seine Freundschaft, sein Verständnis und seinen Intellekt.

Jana Heinicke für all das Empowerment, die Lupicoffs und Schokoküchlein, die Diskussionen, Anregungen und Aufheiterungen und ihre Expertise und Vehemenz.

Jenny Kallenbrunnen für ihre große Hilfe und ihre Ehrlichkeit.

Tanja Reiß für ihre aufbauenden Worte, ihre Kurzfristigkeit und ihren Support.

Sieglinde Holzknecht und Dr. Katharina Mock für ihre Unterstützung in allen Lebenslagen, das Sammeln von Anekdoten und gegenseitiges Bestärken sowie das gemeinsame Anzünden des Patriarchats.

Tabea, Nadja und Teresa für die langen Gespräche, ihre Loyalität, die Anregung zu Argumenten und den Segen, sie in meinem Leben und immer auf meiner Seite zu wissen.

Und natürlich Bea, Meike, Laura, Magda, Mili, Frieda, Berthold, Inke und Birdy, Jazz, Sonja, Rosa, Katharina, Malin, Luzie, Nanami und den Pilotinnen fürs tägliche Zeigen, wie gelebte Solidarität aussehen kann.

Ihnen allen und auch allen anderen, die in irgendeiner Weise zu diesem Buch beigetragen haben, spreche ich meinen ganzen Dank aus!

Anmerkungen

1 Mareice Kaiser: *Das Unwohlsein der modernen Mutter*. Hamburg 2021, S. 223.
2 Rebecca Solnit: *Unziemliches Verhalten. Wie ich Feministin wurde*. Hamburg 2020, S. 256.
3 Vgl.: Rebecca Solnit: *Wenn Männer mir die Welt erklären. Essays*. München 2015, S. 11–13.
4 Margarete Stokowski beschreibt übrigens im zweiten Kapitel von *Untenrum frei* sehr überzeugend, dass Frauen in Machtpositionen mindestens doppelte Kämpfe führen müssen – und dabei nichts wirklich richtig machen können. Angela Merkel wird, wie Stokowski treffend bemerkt, von Kritiker*innen entweder für ihr androgynes Auftreten und ihre »männlichen« Eigenschaften abgewertet, dafür abgestraft, sich der eigenen Sexualisierung zu verweigern (Stichwort: »das Merkel«) oder eben gerade für ihr Frausein klein und lächerlich gemacht, wie es der allgemein bekannte und eben auch ziemlich abwertende Kosename »Mutti« tut.
5 Vgl. beispielsweise Laurie Rudman/Peter Glick: *Prescriptive gender stereotypes and backlash toward agentic women*. Journal of Social Issues. 57, 2001, S. 743–762.
6 Thomas Eckes: Geschlechtsstereotype. Von Rollen, Identitäten und Vorurteilen, in: Ruth Becker/Beate Kortendiek (Hrsg.): *Handbuch Frauen- und Geschlechterforschung. Theorie, Methoden, Empirie*. Wiesbaden 2010, S. 183.
7 Geprägt wurde der Begriff auf Twitter durch die Astronomieprofessorin Nicole Gugliucci.
8 Zitiert nach Mary Beard: *Frauen & Macht. Ein Manifest*. Frankfurt a. M. 2018, S. 17.
9 Natürlich gibt es im Netz auch zu diesem Klischee einer »komplizierten« Regel (geht so, würde ich übrigens sagen, aber ich tue es nicht, weil ich sonst zu viel Zeit darauf verwenden müsste, Typen auf ihre »Ach ja? Dann erklär doch mal!«-Aussagen zu antworten) herrliche Beispiele für Sexismus. Auf mehreren Websites zwinkersmilen sich Fußballfans die wunderbare Erklärung der Abseitsregel für Frauen

zu, die beginnt mit: »Stell dir vor, du stehst in einem Schuhladen.« Da ist es wieder: Erklär's mir, als wäre ich eine Frau. Denn dass eine Frau eine normale Erklärung in ihr kleines Gehirnchen zwängen könnte, scheint ausgeschlossen. Da sind ja schließlich nur Schuhe drin.

10 Rebecca Solnit: *Wenn Männer mir die Welt erklären. Essays.* München 2015, S. 19.
11 Vgl. Janet Holmes: *Sex Differences in Apologies. One Aspect of Communicative Competence,* in: Applied Linguistics. Juni 1989.
12 Rebecca Solnit: *Wenn Männer mir die Welt erklären. Essays.* München 2015, S. 35.
13 Vgl. Gemma Hartley: *Es reicht. Warum Familien- und Beziehungsarbeit nicht nur Sache der Frau ist.* München 2019.
14 Jean Tepperman: Going through changes, in: Robin Morgan (Hrsg.): *Sisterhood is powerful. An anthology of writings from the women's liberation movement.* New York 1970, S. 507.
15 Vgl. Peggy McIntosh: *White Privilege and Male Privilege: A Personal Account of Coming To See Correspondences through Work in Women's Studies,* Wellesley 1988.
16 Vgl. L. Taylor Phillips/Brian S. Lowery: *Herd invisibility: The psychology of racial privilege,* in: Current Directions in Psychological Science. 27, 2018, S. 156–162.
17 Vgl. https://www.zeit.de/2018/15/metoo-debatte-maenner-feminismus-gleichberechtigung (Letzter Abruf: 04.08.21).
18 Vgl. http://bliq-journal.de/analyse/wie-divers-sind-deutsche-talkshows.html (Letzter Abruf: 04.08.21).
19 Vgl. Sandra Konrad: *Das beherrschte Geschlecht. Warum sie will was er will.* München 2018, S. 50–55.
20 Margarete Stokowski: *Untenrum frei.* Hamburg 2016, S. 201.
21 Sophie Passmann: *Alte weiße Männer. Ein Schlichtungsversuch.* Köln 2019, S. 27.
22 https://www.spiegel.de/kultur/tv/vielfalt-im-kinderfernsehen-maenner-die-die-welt-erklaeren-a-1224256.html (Letzter Abruf: 04.08.21).
23 Zitiert nach: Cordelia Fine: *Die Geschlechterlüge.* Stuttgart 2012, S. 248.
24 Vgl. Prof. Dr. Elizabeth Prommer/Dr. Christine Linke: *Audiovisuelle Diversität? Geschlechterdarstellungen in Film und Fernsehen in Deutschland.* Rostock 2017.
25 Vgl. Judy DeLoache/Deborah Cassidy/C. Jan Carpenter: *The three bears are all boys. Mothers' gender labeling of neutral picture book characters,* in: Sex roles. 17, 1987.
26 https://malisastiftung.org/studie-audiovisuelle-diversitaet/ (Letzter Abruf: 04.08.21).

27 Vgl. Prof.Dr. Elizabeth Prommer/Dr. Christine Linke: *Audiovisuelle Diversität? Geschlechterdarstellungen in Film und Fernsehen in Deutschland.* Rostock 2017.
28 Vgl. Prof.Dr. Elizabeth Prommer/Dr. Christine Linke: *Ausgeblendet. Frauen im deutschen Film und Fernsehen.* Köln 2019, S. 9 f.
29 Vgl. Cordelia Fine: *Die Geschlechterlüge. Die Macht der Vorurteile über Frau und Mann.* Stuttgart 2012, S. 296 f.
30 Vgl. Ole Nymoen/Wolfgang M. Schmitt: *Influencer. Die Ideologie der Werbekörper.* Berlin 2021, S. 8.
31 Unter Care-Arbeit oder auch Sorge- oder Fürsorgearbeit wird alles gefasst, was den Bereich des Pflegens betrifft. Sowohl familiäre Kinder- oder Altenbetreuung oder Pflege für Menschen mit Behinderung als auch Teile der Hausarbeit oder Unterstützung im Freund*innenkreis.
32 Ein Vergleich, den Aktivistin (und – somewhat – Influencerin) Ida Marie Sassenberg so treffend in den Stories ihres Social Media Accounts aufmachte.
33 Bianca »Bibi« Claßen ist eine der berühmtesten YouTuber*innen und Influencer*innen. 2017 veröffentlichte sie den wenig tiefgründigen Song »How it is«, der auf der Plattform historisch schlecht bewertet wurde und unter anderem durch ihre wenig polierte englische Aussprache auffiel.
34 https://www.zeit.de/gesellschaft/zeitgeschehen/2021-05/mai-thi-ngu yen-kim-hass-internet-wissenschaftsjournalismus-pressefreiheit (Letzter Abruf: 04.08.21).
35 Vgl. Cordelia Fine: *Die Geschlechterlüge.* Stuttgart 2012, S. 306 f.
36 Antonia Baum: *Still leben.* München 2018, S. 142.
37 Vgl. Walter Toman: *Familienkonstellation. Ihr Einfluss auf den Menschen.* München 1965, S. 21.
38 Vgl. Deborah Belle: *Gender Differences in Children's Social Networks and Supports,* in: Deborah Belle (Hrsg.): *Children's Social Networks and Social Support.* New York 1989, S. 183.
39 https://www.unicef.org/media/media_92884.html (Letzter Abruf: 04.08.21).
40 https://www.iwkoeln.de/studien/wido-geis-thoene-toechter-arbeiten-weniger-im-haushalt-mit-323632.html (Letzter Abruf: 04.08.21).
41 Vgl. Alexandra Langmeyer/Angelika Guglhör-Rudan/Thorsten Naab/ Marc Urlen/Ursula Winklhofer: *Kind sein in Zeiten von Corona. Ergebnisbericht zur Situation von Kindern während des Lockdowns im Frühjahr 2020.* München 2020, S. 16–21.

42 Vgl. Hartmut Kasten: *Die Geschwisterbeziehung. Band 1*. Göttingen 1993, S. 27f.
43 Mareice Kaiser: *Das Unwohlsein der modernen Mutter*. Hamburg 2021, S. 32.
44 a.a.O., S. 7.
45 Jean-Jacques Rousseau: *Émile oder Über die Erziehung*. Köln 2010, S. 13.
46 Adelbert von Chamisso: *Gedichte*. Berlin 1869, S. 14f.
47 Vgl. Simone de Beauvoir: *Das andere Geschlecht. Sitte und Sexus der Frau*. Hamburg 2000, S. 842.
48 Vgl. Claire Samtleben: DIW Wochenbericht Nr. 10/2019, S. 142ff.
49 Vgl. Mareice Kaiser: *Das Unwohlsein der modernen Mutter*. Hamburg 2021, S. 230.
50 https://www.fastcompany.com/3063148/even-in-same-sex-couples-the-more-feminine-partner-may-have-more-housework (Letzter Abruf: 08.04.21).
51 Simone de Beauvoir: *Das andere Geschlecht. Sitte und Sexus der Frau*. Hamburg 2000, S. 563.
52 Vgl. https://sz-magazin.sueddeutsche.de/freie-radikale-die-ideenkolumne/gleichberechtigung-haushalt-pflege-88262?fbclid=IwAR04Xmf59niT8gSLxfNNt-UjpB5dhz_QBvP996A6Y56eosF1k81y4Tm7C1s (Letzter Abruf: 04.08.21).
53 Vgl. Claire Samtleben: DIW Wochenbericht Nr. 10/2019, S. 143.
54 Vgl. Gemma Hartley: *Es reicht. Warum Familien- und Beziehungsarbeit nicht nur Sache der Frau ist*. München 2019, S. 116.
55 https://www.dailymail.co.uk/femail/article-2117254/Women-spend-hours-week-redoing-chores-men-badly.html (Letzter Abruf 04.08.21).
56 https://www.welt.de/wirtschaft/article196905279/Schattenwirtschaft-90-Prozent-der-deutschen-Haushalte-beschaeftigen-die-Putzfrau-schwarz.html (Letzter Abruf: 04.08.21).
57 https://www.bpb.de/gesellschaft/gender/frauen-in-deutschland/49411/unbezahlte-arbeit (Letzter Abruf: 04.08.21).
58 https://www.sueddeutsche.de/leben/dem-geheimnis-auf-der-spur-kammerspiele-1.4466005 (Letzter Abruf: 04.08.21).
59 Wolfgang Hildesheimer: *Mozart*. Frankfurt/M. 1980, S. 234.
60 https://www.sueddeutsche.de/leben/dem-geheimnis-auf-der-spur-kammerspiele-1.4466005 (Letzter Abruf: 04.08.21).
61 Walter Felsenstein: *Donna Anna und Don Giovanni*, in: Attila Csampai/Dietmar Holland (Hrsg.): *Wolfgang Amadeus Mozart. Don Giovanni, Texte, Materialien, Kommentare*. Reinbek b. Hamburg 1981, S. 262.

62 Attila Csampai: *Mythos und historischer Augenblick in Mozarts »Don Giovanni«*, in: Attila Csampai/Dietmar Holland (Hrsg.): *Wolfgang Amadeus Mozart. Don Giovanni. Texte, Materialien, Kommentare.* Reinbek b. Hamburg 1981, S. 16–19.
63 Vgl. http://oops.uni-oldenburg.de/691/1/724.pdf (Letzter Abruf: 04.08.21).
64 Sandra Konrad: *Das beherrschte Geschlecht. Warum sie will, was er will.* München 2019, S. 255.
65 Vergewaltigung und sexuelle Nötigung (§ 177 StGB) sind »Straftaten gegen die sexuelle Selbstbestimmung«. Für die Erfüllung des Tatbestands musste bis 2016 der Nachweis erbracht werden, dass die betroffene Person mit Gewalt, durch Drohung mit gegenwärtiger Gefahr für Leib oder Leben und/oder unter Ausnutzung einer schutzlosen Lage genötigt wurde, sexuelle Handlungen zu dulden oder am Täter beziehungsweise an Dritten vorzunehmen. Der Gesetzestext ist geschlechtsneutral formuliert. Der Tatbestand der Vergewaltigung ist nicht auf vaginale Penetration begrenzt, sondern umfasst alle Akte des Eindringens in den Körper. Seit 2016 gilt »Nein heißt Nein« auch im Gesetzestext, es ist also strafbar, was gegen den erkennbaren Willen einer Person geschieht.
66 Vgl. https://de.wikipedia.org/wiki/Slutwalk (Letzter Abruf: 04.08.21).
67 Vgl. https://en.wikipedia.org/wiki/Todd_Akin (Letzter Abruf: 04.08.21).
68 Übrigens eine Aussage, die so und in der Abwandlung, auch eine Vergewaltigung selbst sei etwas, dem man sich erwehren könnte, auf ein medizinisches Gutachten des 17. Jahrhunderts zurückgeht, in dem einer Minderjährigen ohne jede Logik oder irgendeinen Beweis die Schuld an der eigenen Vergewaltigung zugeschrieben wurde – von Männern, nachzulesen in Sandra Konrads Buch *Das beherrschte Geschlecht. Warum sie will, was er will.*
69 Vgl. Dr. Ursula Schröttle/Dr. Monika Müller: *Lebenssituation, Sicherheit und Gesundheit von Frauen in Deutschland. Kurzfassung der Untersuchung*, in: Bundesministerium für Familie, Senioren, Frauen und Jugend (BMFSFJ). 2004, S. 17.
70 Es ging um eine brancheninterne Gruppe im Netz, die sie wählten, um andere junge FINTA, die im selben Bereich arbeiteten, zu warnen.
71 Vgl. Corinna Seith/Joanna Lovett/Liz Kelly: *Unterschiedliche Systeme, ähnliche Resultate? Strafverfolgung von Vergewaltigung in elf europäischen Ländern.* London 2009, S. 7.
72 Ebd., S. 8.
73 Ebd., S. 10.

74 Vgl. Liz Kelly/Jo Lovett/Linda Regan: *A gap or a chasm? Attrition in reported rape cases.* London 2005, S. 83.
75 Vgl. https://www.bzbasel.ch/basel/basel-stadt/elsaesserstrasse-basler-appellationsgericht-reduziert-strafe-fuer-vergewaltiger-wegen-den-signalen-die-das-opfer-auf-maenner-aussendet-ld.2168774 (Letzter Abruf: 04.08.21).
76 https://www.zeit.de/2018/15/metoo-debatte-maenner-feminismus-gleichberechtigung (Letzter Abruf: 04.08.21).
77 https://www.independent.co.uk/voices/commentators/laurie-penny-woman-s-opinion-mini-skirt-internet-6256946.html (Letzter Abruf: 04.08.21).
78 Mary Beard: *Frauen & Macht. Ein Manifest.* Frankfurt a. M. 2018, S. 42 f.
79 Vgl. https://www.spiegel.de/kultur/gesellschaft/focus-und-sueddeutsche-zeitung-eine-entschuldigung-eine-rechtfertigung-fuer-titel-a-1071334.html (Letzter Abruf: 30.06.2021).
80 Zitiert nach: https://www.sueddeutsche.de/leben/sexuelle-selbstbestimmung-als-vergewaltigung-in-der-ehe-noch-straffrei-war-1.3572377 (Letzter Abruf: 04.08.21).
81 Vgl. https://dserver.bundestag.de/btp/13/13175.pdf (Letzter Abruf: 04.08.21).
82 Vgl. https://www.sueddeutsche.de/leben/sexuelle-selbstbestimmung-als-vergewaltigung-in-der-ehe-noch-straffrei-war-1.3572377 (Letzter Abruf: 04.08.21).
83 Sandra Konrad: *Das beherrschte Geschlecht. Warum sie will, was er will.* München 2019, S. 263.
84 Vgl. Gil Greengross/Paul J. Silvia/Emily C. Nusbaum: *Sex differences in humor production ability: A meta-analysis,* in: Journal of Research in Personality. 84, 2019.
85 Vgl. Laura Mickes et al.: *Who's funny: gender stereotypes, humor production, and memory bias,* in: Psychonomic Bulletin & Review. 2011.
86 Vgl. Gil Greengross/Paul J. Silvia/Emily C. Nusbaum: *Sex differences in humor production ability: A meta-analysis,* in: Journal of Research in Personality. 84, 2019, S. 40 f.
87 Vgl. Jonathan B. Evans/Jerel E. Slaughter/Aleksander P. J. Ellis/Jessi M. Rivin: *LEADER HUMOR. Gender and the evaluation of humor at work.* Arizona 2019.
88 Vgl. Thomas Ford/Christie Boxer/Jacob Armstrong/Jessica Edel: *More than »just a joke«: The prejudice releasing function of sexist humor,* in: *Personality and Social Psychology Bulletin. 34–2,* 2008, S. 159–170.
89 Rupi Kaur: *Home Body.* New York 2020.

90 Rebekka Endler: *Das Patriarchat der Dinge. Warum die Welt Frauen nicht passt.* Köln 2021, S. 25.
91 Vgl. Helga Kotthoff/Damaris Nübling: *Genderlinguistik. Eine Einführung in Sprache, Gespräch und Geschlecht.* Tübingen 2018, S. 278 ff.
92 Mal davon abgesehen, dass Menschen, deren erster Impuls eine solche Aussage wäre, vermutlich nicht von FINTA sprechen würden. Aber wer weiß...
93 Vgl. Caroline Criado-Perez: *Invisible Women. Exposing data bias in a world designed for men.* London 2019, S. 122 f.
94 Zitiert nach: Hubert J. M. Hermans: *Society in the Self. A Theory of Identity in Democracy.* Oxford 2018, S. 312.
95 Vgl. Rebekka Endler: *Das Patriarchat der Dinge. Warum die Welt Frauen nicht passt.* Köln 2021, S. 30 ff.
96 Vgl. Dagmar Stahlberg/Sabine Sczesny/Friederike Braun: *Name your favorite musician: Effects of masculine generics and of their alternatives in German*, in: Journal of Language and Social Psychology. 03, 2001, S. 464–469.
97 Vgl. https://www.genderleicht.de/luise-f-pusch-und-der-genderstern/ (Letzter Abruf: 04.08.21).
98 Kübra Gümüşay: *Sprache und Sein.* Berlin 2020, S. 23.
99 Vgl. Lisa Kristina Horvath/Sabine Sczesny: *Reducing women's lack of fit with leadership positions. Effects of the wording of job advertisements*, in: European Journal of Work and Organizational Psychology. 25–2, London 2016, S. 316–328.
100 Vgl. https://www.deutschlandfunkkultur.de/gender-data-gap-in-der-medizin-maenner-als-standard.2147.de.html?dram:article_id=482813#:~:text=70%20Prozent%20der%20Tierversuche%20an,das%20Geschlecht%20der%20Versuchstiere%20unbekannt. (Letzter Abruf: 04.08.21).
101 Vgl. Natascha Hess: *Gender Medizin. Der Herzinfarkt der Frau*, in: BKK. 11, Berlin 2008.
102 Vgl. Brad N. Greenwood/Seth Carnahan/Laura Huang: *Patient–physician gender concordance and increased mortality among female heart attack patients*, in: PNAS. 21, Washington 2018.
103 https://www.deutschlandfunk.de/verschwoerungstheorien-in-corona-zeiten-es-betrifft-eher.694.de.html?dram:article_id=476098 (Letzter Abruf: 04.08.21).
104 https://cdn.who.int/media/docs/default-source/alcohol/action-plan-on-alcohol_first-draft-final_formatted.pdf?sfvrsn=b690edb0_1&download=true (Letzter Abruf: 04.08.21).
105 https://www.stern.de/gesundheit/kein-alkohol-fuer-frauen-bis-

50-jahre--kritik-an-neuer-empfehlung-der-who-30578224.html (Letzter Abruf: 04.08.21).
106 https://www.spiegel.de/kultur/gesellschaft/kolumne-von-margarete-stokowski-ueber-japanische-miet-onkels-a-1114185.html (Letzter Abruf: 04.08.21).
107 https://www.deutschlandfunknova.de/beitrag/klugscheisser-wie-man-mansplainer-zum-schweigen-bringt#:~:text=Das%20hilft%3A%20Taktik%20aufdecken%2C%20Humor,Beispiel%3A%20Wir%20werden%20unterbrochen. (Letzter Abruf: 04.08.21).
108 https://pinkstinks.de/was-tun-gegen-mansplaining/ (Letzter Abruf: 04.08.21).
109 Ebd.

Um die ganze Welt des
GOLDMANN-*Sachbuch*-Programms
kennenzulernen, besuchen Sie uns doch
im Internet unter:

www.goldmann-verlag.de

Dort können Sie
nach weiteren interessanten Büchern **stöbern**,
Näheres über unsere **Autoren** erfahren,
in **Leseproben** blättern, alle **Termine** zu Lesungen und
Events finden und den **Newsletter** mit interessanten
Neuigkeiten, Gewinnspielen etc. abonnieren.

Ein *Gesamtverzeichnis* aller Goldmann Bücher finden
Sie dort ebenfalls.

Sehen Sie sich auch unsere *Videos* auf YouTube an und
werden Sie ein *Facebook*-Fan des Goldmann Verlags!

www.goldmann-verlag.de
www.facebook.com/goldmannverlag